Katarina Michel: Energiemedizin Bach-Blüten

1. Auflage 2019

Telefon 0041 55 442 68 48
www.gigerverlag.ch
Lektorat: Sabrina Wallner
Umschlaggestaltung: Hauptmann & Kompanie Werbeagentur, Zürich
Umschlagfoto: Martin Niederberger
Layout und Satz: Sebastian Carl, Amerang
Druck und Bindung: Finidr

ISBN 978-3-906872-93-3

Katarina Michel

Energiemedizin Bach-Blüten

Selbstheilungskräfte entfalten und die Gesundheit stärken

Giger Verlag

Inhalt

Einleitung

Reisen gehört zur Lieblingsbeschäftigung der heutigen Zeit. Die Welt ist in Bewegung – in allen Himmelsrichtungen, in allen Alterskategorien – es gibt kaum mehr Ausnahmen. Neugierde führt uns von einem Ziel zum nächsten und eröffnet neue Möglichkeiten, bietet Vernetzungen und Kontakte. Die Gründe zu reisen unterscheiden sich, und doch verbindet uns alle eines: Jede Reise geht mit Emotionen und Gefühlen einher.

An einem wunderschönen Spätsommertag hatte ich auf einer meiner Reisen von Zürich nach Prag etwas Zeit, um mich umzuschauen. Neugierig beobachtete ich die Sicherheitsprozedur an der Kontrolle des Handgepäcks, als mir etwas ins Auge fiel: Eine Dame vor mir hatte in ihrem durchsichtigen Kosmetik-Beutel ein Fläschchen mit gelbem Etikett. Ein Mann hinter mir öffnete seinen Akten-Koffer, gab Rasierwasser, Parfum und – ein gelb etikettiertes Fläschchen in eine Plastiktüte! Und dann war da noch eine junge Mutter, die ihrer Tochter eine gelbe Schachtel mit Bonbons reichte. Ich dachte, ich würde träumen. Auf meinem Weg nach Prag, wo ich eine Ausbildung über Bach-Blüten abhalten sollte, trugen Mitreisende die Bach-Blüten Notfalltropfen bei sich und lutschten die Bach-Blüten Notfallbonbons! Sollte das eine Einbildung von mir sein oder ein Beweis für das Resonanz-Prinzip? Wie auch immer, mir hat es gezeigt, dass die Bach-Blüten bekannter sind, als landläufig gedacht wird, und es hat mich in meinem Vorhaben wieder einmal bestärkt.

Nach dem großen Boom im deutschsprachigen Raum in den 1980er Jahren, traten die Bach-Blüten mit dem neuen Jahrtausend in den Hintergrund. Viele neue Heilmethoden und erfolgverheißende Techniken hatten den Markt mit einem Versprechen überschwemmt: Schnell und effizient ans Ziel zu kommen. Auch der stetige Streit zwischen Schul- und Alternativmedizin hatte die Bach-Blüten nicht immer in positives Licht gerückt.

Die unscheinbaren Blütenessenzen standen im Schatten von Neuankündigungen zahlreicher moderner Heilweisen. Nur wenige glaubten weiterhin an die Kraft der Bach-Blüten und wussten, dass in ihrer Einfachheit und Natürlichkeit das größte Potenzial liegt. In unserer immer komplexeren Welt, in der wir gefordert sind, schnell die richtigen Entscheidungen zu treffen und dabei das Beste für uns zu finden, mag die Einfachheit dieser Blütenessenzen fast wie ein Zauberstab wirken. Wer kann schon – bei all diesen Anforderungen und Reizen – seine Emotionen im Gleichgewicht halten und sein volles Potenzial entfalten?

Seit mehr als zwanzig Jahren arbeite ich mit den Bach-Blüten. Sie sind eine unverzichtbare Unterstützung für meine Klienten im Prozess von Heilung und Selbstfindung; und sie begleiten mich persönlich bei meinen eigenen inneren Reifeprozessen. Ich habe den Blütenessenzen viel zu verdanken. Sie waren und sind eine Brücke für mich, führen mich von Fragen zu Antworten, lassen mich das Sinnvolle an jedem Geschehen entdecken. Sie schenken Zuversicht und Macht, stärken und fokussieren in der Entscheidungsfindung. Sie sind ein Geschenk der Natur, um innere Klarheit zu bewahren und mutig im Leben voranzuschreiten.

Als junge Journalistin halfen mir die Bach-Blüten, wenn ich bei Recherchen aufgrund vielfältiger Interessen unkonzentriert war. Meine beiden Söhne profitierten von den Blütenessenzen besonders in der Pubertät und später während des Studiums. Heute verlässt kein Klient meine Praxis ohne eine persönliche Bach-Blüten Mischung in den Händen.

Es wurde schon vieles über die Bach-Blüten-Therapie geschrieben. Doch heute zeigen sich die Auswirkungen und die Effektivität deutlicher denn je, da die Informationsflut eine große Herausforderung für Psyche, Emotionen und Gedanken ist. Die Bach-Blüten helfen dabei, die eigene Psyche zu ergründen, Emotionen ins Gleichgewicht zu bringen und Gedanken und Wünsche zu ordnen. Dadurch werden Körper und Geist harmonisiert und die Sinnfindung im Alltag erleichtert.

Im vorliegenden Buch möchte ich Ihnen, liebe Leserinnen und Leser, neue Einsichten und Wissenswertes über Bach-Blüten vermitteln und Ihnen eine Hilfe an die Hand geben, um gesund und ausgeglichen voranzuschreiten – im Einklang mit der inneren Mitte und den äußeren Einflüssen.

1

Energiemedizin im 21. Jahrhundert

Der Begriff Energie wird mittlerweile für viele Phänomene des Lebens benutzt. Alles scheint Energie zu sein, denn Energie meint wörtlich das *innere Wirken*. Doch ist es nicht annähernd so einfach, wenn es um innere Prozesse geht und um die Verbindung des Menschen mit seiner Umwelt. Den Menschen innerhalb eines Energie-Systems zu beurteilen, ist logisch, aber auch komplex. Populärwissenschaftler benutzen den Begriff Energie jedoch gerne, um solche Vorgänge zu vereinfachen.

Der Begriff „Energiemedizin" ist nicht neu – ein Blick in die Geschichte zeigt, dass sich die alten Schamanen Süd- und Nordamerikas sowie die Weisen der vedischen Tradition schon vor Jahrtausenden in dieser Richtung gedacht haben. Die Energie von Natur und Umwelt sowie die menschliche Lebensenergie stecken voller faszinierender Geheimnisse. Es gibt noch viel zu entdecken.

Der Aufbruch der Quantenphysik hat die Bedeutung der Energiemedizin in den letzten Jahrzehnten in ein neues Licht gerückt. Im alltäglichen Gebrauch des Begriffs Energie stehen sich Schulmedizin und Energiemedizin gegenüber. Die Schulmedizin sieht Energie als physisch-materiell und damit messbar an, die Energiemedizin setzt über die physisch-materielle Komponente hinaus einen feinstofflichen Bereich der Energie an. Sensitive oder hypersensible Menschen können die feinstofflichen Bereiche deutlich wahrnehmen und nach eigenen Maßstäben einordnen.

Sowohl die stofflichen als auch feinstofflichen Bereiche der Energie werden vom Bewusstsein umfasst, das sich aus feinstofflicher Energie speist und so Einfluss auf die materielle (physische) Ebene nimmt. Bei Menschen, die den feinstofflichen Bereich nicht wahrnehmen können, spielt natürlich das Unbewusste eine Rolle, denn hier wirkt die feinstoffliche Energie in Form von Gedanken ebenfalls. Durch Verhaltensmuster können diese Gedanken und damit die feinstoffliche Energie sichtbar werden. Somit bildet das Bewusstsein die Schnittstelle zwischen den beiden Energiequalitäten – der sichtbaren (die wir als Materie erfassen und durch unsere Handlungen formen) und der unsichtbaren (die wir durch höhere Sinnesorgane wahrnehmen).

In der Schulmedizin nutzt man Energie in Form von Strahlen oder Wellen bei diagnostischen Verfahren, wie etwa beim MRT oder bei Röntgenaufnahmen. Energiemedizin übersteigt diese Messgeräte bewusst, da sie weiß, dass der Energiefluss nicht auf den physischen Körper beschränkt ist. Die Energiemedizin sieht eine Erkrankung als Energiedefizit. Wenn die Energie ausgeglichen fließt, befinden sich alle Ebenen – Körper, Geist und Seele – in einem harmonischen Austausch. Sobald der Energiefluss blockiert wird, gerät ein Bereich in einen Mangelzustand. Das gesamte System steht dadurch in einem Ungleichgewicht, und Krankheiten können sich manifestieren.

Es gibt keine festgelegte Regel, nach der Lebensenergie fließen muss, um Gesundheit zu erhalten. Der Fluss als solcher, die Bewegung, ist entscheidend. Wie schnell oder langsam die Energie fließt, ist individuell verschieden. Die individuellen (geistig-seelischen) Aspekte entscheiden über den optimalen Verlauf. Hier kann man auch die Antwort auf die Frage suchen, warum manche Menschen bei einem Infekt stärkere Symptome aufweisen oder warum ein Patient vollständig genesen kann, während ein anderer lebenslang leidet oder sogar stirbt. Es liegt am individuellen Energie-Hologramm der Seele, das bei jedem Menschen eine andere Struktur aufweist.

Die Energiemedizin des 21. Jahrhunderts kann mit allen diesen Aspekten offen arbeiten, da für sie Zusammenhänge zwischen verschiedenen Bereichen entscheidend sind. Für sie ist nicht nur wichtig, wie eine Zelle arbeitet und wie man ihr am besten die entsprechende Energie zuführt, um ihre Arbeit zu unterstützen. Das ist nur eine Seite. Die Energiemedizin geht tiefer und interessiert sich auch für die Verbindung zwischen den Zellen, die eine neue dynamische Kommunikation innerhalb eines lebendigen Biosystems (Mensch, Pflanze) erbaut. Diese subtile Kommunikation ist von vielen Einflüsse geprägt – innerlich wie äußerlich. Innerlich sprechen wir vom Zusammenspiel zwischen Körper, Geist und Seele, äußerlich geht es um die Einflüsse von unserer Umgebung (Gesellschaft, Familie, Tradition, Umwelt). Das alles prägt das Energie-Hologramm des Individuums.

Die Energiemedizin konzentriert sich auf die Individualität. Sie sucht bei jedem Menschen das Spezifische. Der Vergleich mit anderen Fällen dient als Orientierung, aber nicht als pauschale Grundregel. Aus dem Alltag kennt man gut das folgende Muster:

Wenn der Klient A solche Symptome aufweist, wie sie sich auch beim Klienten B zeigen, sind beide Fälle gleichartig. Auf den ersten Blick könnte es so sein, aber beim genaueren Hinschauen zeigen sich Unterschiede, die oft gravierend sind. Es wäre ein großer Irrtum, die beiden Fälle dann gleich zu behandeln!

So kann zum Beispiel das gleiche Medikament bei einem Klienten gute Dienste leisten, während sich bei einem anderen keine oder nur eine milde Reaktion zeigt. Es ist alles ein höchst individuelles Geschehen, und jede Pauschalisierung, zu der man neigt, wenn man nur schulmedizinische Studien liest oder im Internet

Informationen über die Krankheit sucht, ist eigentlich Verrat an der eigenen Individualität und letztlich auch an den Selbstheilungskräften.

Für die Energiemedizin ist wichtig zu verstehen, warum ein Mensch erkrankt ist, wie er auf die Krankheit reagiert und was dazu geführt hat, dass sein gesamtes Energiesystem sich nicht im Gleichgewicht befindet. Bei zwei Menschen mit gleichen Symptomen können die Antworten auf diese Fragen komplett unterschiedlich ausfallen. Diese Unterschiede führen dazu, dass die beiden Menschen in gleichen Krankheitssituationen eine signifikant unterschiedliche Therapie benötigen. Der eine könnte eventuell sogar noch ein Antibiotikum gebrauchen, da seine Energie durch eine sich stark verbreitende Entzündung geschwächt ist und sein Geist nicht die Kraft besitzt, mit dem Konflikt: „Ich bin krank, die Krankheit beherrscht mich. Ich habe Angst, es könnte schlimmer werden!" umgehen zu können. Der andere bemerkt, dass er in der letzten Zeit seine inneren Bedürfnisse vernachlässigt hat, und bekommt durch Ruhe, eine Auszeit oder sanfte Naturheilmittel seine Krankheit unter Kontrolle. Auf diese Weise bringt er seine eigene Energie wieder ins Gleichgewicht und heilt sich so selber.

Das Individuelle, das ganz Spezifische in jedem Menschen anzuerkennen, ist der große Vorteil der Energiemedizin im 21. Jahrhundert, in der es um Werte und um die Sinnhaftigkeit des Lebens geht.

Die Evolution stärkt die Entfaltung der Individualität, und die Energiemedizin ist dafür prädestiniert, diesen Prozess weiter zu fördern. Sie ist eine Vorreiterin in der Bewegung vom normierten zum individuellen Patienten.

Salutogenese

Zur modernen Energiemedizin gehört die Salutogenese, ein Konzept über die Entstehung und Erhaltung von Gesundheit, eingeführt von dem israelisch-amerikanischen Medizinsoziologen Aaron Antonovsky (1923-1994).

Salutogenese stellt die andere Seite zur Pathogenese dar, welche die Entstehung und Entwicklung einer Krankheit beschreibt. Das ganze heute angewendete Schulmedizin-System beruht auf der Pathogenese, da für sie die Krankheit (nicht der Mensch!) und eine Behandlung ihrer Symptome im Mittelpunkt steht.

Die Salutogenese prägen drei Begriffe:

- Verstehbarkeit: Die Fähigkeit, Zusammenhänge herzustellen zwischen den Geschehnissen, die das Leben bereithält.

- Bewältigbarkeit: Die Fähigkeit, mit Geschehnissen umzugehen.

- Sinnhaftigkeit: Die Überzeugung, dass alle Geschehnisse einen Sinn haben. Durch diese Überzeugung fällt es leichter, die Geschehnisse zu akzeptieren.

Die Salutogenese spricht über Kohärenz, die im alltäglichen Gebrauch als *Resonanz-Prinzip* zu verstehen ist. Alles ist mit allem verbunden, und nichts existiert autonom nur für sich. Kohärenz rückt noch stärker die Zusammenhänge zwischen der physischen und der feinstofflichen Energie in den Vordergrund, da diese in einem Wechselspiel stehen und sich gegenseitig beeinflussen. Gesundheit versteht sich als Prozess und nicht als endgültiger Zustand. An der Gesundheit soll man arbeiten, um das Gute und Schöne in sich selbst zu unterstützen, zu erkennen und weiter zu fördern. Jeder ist selbst dafür verantwortlich, wie weit er/sie bereit ist, sich den positiven Kräften in sich zu öffnen. Das gesunde innere Selbstbewusstsein ist eine wichtige Basis, um diese Kräfte entfalten und stärken zu können.

Dazu gehören zum Beispiel Ernährung, Bewegung, innere Ruhe, Lebensfreude und Liebe. Die Einstellung zu sich selbst spielt in der Salutogenese eine entscheidende Rolle. Wenn man wenig Selbstbewusstsein hat und versucht, alle Herausforderungen des Lebens wegzuschieben, aus Angst, es könne alles schiefgehen, weil man sowieso nicht gut genug ist, um eine Aufgabe richtig zu meistern, setzt sich irgendwann diese Wahrnehmung so stark in einem fest, dass jede neue Herausforderung ein Körpersymptom aufweist (z.B. Kopfweh, Bauchschmerzen, Kreislaufprobleme, zitternde Hände oder Panikattacken).

Emotionale Heilung

Unsere Gedanken und die daraus resultierenden Emotionen haben einen enormen Einfluss auf unsere Gesundheit. Die Trennungslinie zwischen Denken, Fühlen und körperlichem Befinden ist sehr dünn.

Emotionen haben eine mächtige Energie, stellen eine wichtige Stufe zur Selbsterkenntnis und zum Ausleben des eigenes Potenzials dar. Zusammen mit den Gedanken haben sie einen direkten Einfluss auf unsere Lebensenergie – sie können sie blockieren oder in harmonischem Fluss halten. Deswegen ist es keinesfalls gleichgültig, wie man sich fühlt oder was man denkt. Nicht ohne Grund heißt es: Man fühlt sich, wie man denkt.

Negative Emotionen wie Angst, Interesselosigkeit an der Gegenwart, Einsamkeit, Mutlosigkeit oder Beeinflussbarkeit wirken blockierend auf das Handeln, behindern die geistige Entwicklung und die körperliche Genesung. Die allein durch den Kopf beeinflussten negativen Emotionen täuschen nicht selten eine Überwindung der eigenen Schwierigkeiten vor, und nur zu oft müssen wir feststellen, dass wir immer wieder unsere alten Muster wiederholen. Es gilt die Frage: „Was will ich eigentlich wirklich für mich, was spielt sich bei mir in diesem Moment ab?" Nur die absolut aufrichtige Ehrlichkeit sich selbst gegenüber erweist sich als hilfreiche Therapie.

Die Lebenskunst und das Rezept für eine gute Gesundheit bestehen darin, sein eigenes inneres Wachstum zu respektieren sowie mit Demut und innerem Verständnis sich selbst gegenüber danach zu trachten, den tieferen Sinn des Lebens zu verstehen – auch wenn man ihn nicht sofort erkennt.

Energiemedizin und Bach-Blüten

Ohne es selber groß zu betonen oder zu proklamieren, war Dr. Edward Bach (1886-1936) der Erfinder der Blütenessenzen, der Pionier der modernen Energiemedizin. Am Anfang des 20. Jahrhunderts, das für technischen und medizinischen Fortschritt stand, stellte er die Medizin vor eine revolutionäre Herausforderung: Nicht die Krankheit ist wichtig, sondern der Patient! Er war schon damals überzeugt, dass die Krankheit verschwindet, wenn man den Patienten behandelt. Und nicht umgekehrt! Was für eine wegweisende Einsicht!

Heute nähern wir uns dieser Wahrheit wieder an, und ein Teil der Gesellschaft lebt diese Überzeugung, dass nicht die Krankheit geheilt werden muss, sondern der Mensch. Es zeigt sich eine andere Wahrnehmung über den Menschen, seine Bedürfnisse und seine Lebensenergie. Der Mensch tritt aus der Opferrolle (ich bin krank und deswegen ohnmächtig) heraus, befreit sich von alten Überzeugungen („Weil ich etwas falsch gemacht habe, bin ich jetzt krank.") und übernimmt Verantwortung für sich und seine Gesundheit.

Die Krankheit ist nicht mehr ein böser Angriff von außen, sondern ein Zeichen der Seele, dass die Lebensenergie sich nicht im Fluss oder im Gleichgewicht befindet.

„Krankheit ist einzig und allein korrektiv: Sie ist weder rachsüchtig noch grausam, vielmehr ist sie ein Mittel, dessen sich unsere Seele bedient, um uns auf unsere Fehler hinzuweisen, um uns davor zu bewahren, größeren Irrtümern zu verfallen, um uns daran zu hindern, größeren Schaden anzurichten, und um uns auf jenen Pfad der Wahrheit und des Lichtes zurückzuführen, den wir nie hätten verlassen sollen.“

So schrieb Dr. Edward Bach im Jahr 1931.

Er war überzeugt von der entscheidenden Rolle des menschlichen Gemütes auf die Genesung und dabei vor allem von der Bedeutung einer glücklichen Lebensführung. Es wurde ihm immer bewusster, dass die Lösung für das menschliche Leiden verschlüsselt in der Persönlichkeit jedes Einzelnen liegen musste. Er wollte der Menschen von den negativen Gedanken und Gefühlen befreien und ihnen die Chance geben, ihr wahres seelisches Potenzial zu leben.

2

Medizinische Einsichten von Dr. Edward Bach

Nach seinem Abschluss an der Universität in Birmingham arbeitete Dr. Edward Bach als Bakteriologe und Pathologe in verschiedenen Londoner Krankenhäusern. Im Mittelpunkt seiner Arbeit stand der Patient, nicht die Krankheit. Seine Beobachtungen an Patienten lieferten ihm wertvolle Erkenntnisse über das menschliche Wesen. Sehr früh bemerkte er, dass die Persönlichkeit des Patienten die entscheidende Rolle beim Verlauf der Genesung spielt. Die Gemütszustände der Patienten, ihre Lebensführung und ihre Einsichten über die Erkrankung beeinflussen die Heilung mehr, als die Therapie selbst. In den 1920er Jahren waren diese Beobachtungen revolutionär!

Als Bakteriologe im Londoner University College Hospital studierte Dr. Edward Bach die Bakterien in der Darmflora, um später zu erkennen, welchen Einfluss sie auf chronische Krankheiten haben. Nach homöopathischen Prinzipien gewann er Vakzine aus der Darmflora, die sogenannten Nosoden, welche den Menschen Linderung von ihren chronischen Leiden bringen sollten. Diese Vakzine verabreichte er dem Patienten oral, sie erwiesen sich beispielsweise bei Arthritis, Rheuma oder Migräne als äußerst hilfreich. Sieben Nosoden von Dr. Edward Bach werden noch heute in der homöopathischen Praxis eingesetzt. Als Mediziner erntete er bald Ruhm in seinem Fach, trotzdem wusste er, dass die klassische Medizin nicht sein endgültiger Weg sein würde. Er wollte Möglichkeiten außerhalb der Schulmedizin erforschen, um Patienten eine vollkommene Heilung von Krankheiten und seelischer Disharmonie zu ermöglichen. Er wusste, dass es bei allen körperlichen Erscheinungen um etwas Tieferes und Vielschichtigeres geht. Wie schon viele bemerkenswerte Ärzte vor ihm, war auch Dr. Edward Bach davon überzeugt, dass die Krankheit des Körpers nichts anderes ist als das Ergebnis einer Disharmonie zwischen Seele und Gemüt.

Im Jahr 1930 verließ Bach seine erfolgreiche Londoner Praxis und zog nach Wales um. In der Verbundenheit mit der Natur suchte er die „einfache Medizin“, welche die Menschen nachhaltig von ihren Leiden befreien sollte. Inmitten von Bäumen und Blumen fand er das, was seine Arbeit – seine Lebensaufgabe – zur Vollendung brachte.

Im Oktober 1936 – kurz vor seinem Tod – hielt er bei einem Freimaurer-Treffen einen Vortrag über Pflanzen, in dem er eine deutliche Botschaft vermittelte: KRANKHEIT IST HEILBAR.

In seiner Rede erwähnte er klare Prinzipien, auf welchen seine Blüten-Essenzen aufgebaut sind:

„Erstens: Kein wie auch immer geartetes medizinisches Wissen ist erforderlich.

Zweitens: Die Krankheit selbst spielt überhaupt keine Rolle.

Drittens: Das Gemüt ist der empfindlichste Teil unseres Körpers und deshalb der beste Wegweiser zum erforderlichen Heilmittel.

Viertens: Allein die Art und Weise, wie der Patient auf eine Krankheit reagiert, wird beachtet, nicht die Krankheit selbst.

Fünftens: Zustände wie Angst, Niedergeschlagenheit, Zweifel, Hoffnungslosigkeit, Reizbarkeit, Verlangen nach Gesellschaft oder Alleinsein sowie Unentschlossenheit sind eigentlich Hinweise darauf, wie der Patient von seinem Leiden betroffen ist, und damit auch auf das Heilmittel, das er braucht.

Es spielt keine Rolle, ob die Krankheit nur wenige Minuten oder viele lange Jahre dauert, das Prinzip ist das Gleiche. Denken Sie auch daran, was dies für das tägliche Leben bedeutet. Fast jeder von uns leidet an etwas, das der Harmonie im Wege steht, sei es Depression, Besorgnis, Angst oder etwas anderes. Diese Heilpflanzen beseitigen es, und damit verschließen sie nicht nur die Tür vor dem Eindringen von Krankheit, sondern sie machen auch unser Leben glücklicher, freudiger und nützlicher. Welche größere unter all den edlen Künsten gibt es denn als die Kunst der Heilung? … Diese Heilmittel geben jedermann die Kraft in die Hand, solches zu tun – nicht aus ihrem eigenen Vermögen, sondern aus der Kraft, die der große Schöpfer in Seine heilenden Pflanzen gab."

Im November 1936 starb Edward Bach, laut Todesbericht an einem Herzstillstand. Er hatte schon seit seinem Studium an einer Krebserkrankung gelitten. Auch wenn ihm die Ärzte nach seiner Operation im Jahr 1917 nur drei Monate gegeben hatten, wusste er, dass er seine Vision – Menschen eine neue Art von Heilung zu bringen – realisieren wollte. Diese Vision hat er erfüllt. Seine Arbeit vertraute er am Ende seines Lebens einem Team an, um sie weiter zu verbreiten, in großer Gewissheit darüber, dass dieses Therapie-System vollkommen ist und keiner Ergänzung bedarf. „Es ist der Weg der Natur, und der ist richtig." – „This is the Way of Nature and it´s right." Davon war er fest überzeugt.

3.

Die Beschreibungen der 38 Bach-Blüten-Essenzen

1 ❁ **AGRIMONY** – Odermennig

Menschen, welche die Essenz Agrimony benötigen, versuchen, die eigenen Probleme hinter einer Maske von Fröhlichkeit, Freude und Harmonie zu verbergen. Sie interessieren sich für alles, was in ihrer Umgebung geschieht, sind offen für andere Menschen, unterhalten sich gerne und vermitteln durch ihre Spontanität den Eindruck, dass sie immer gute Laune haben und stets nur die positive Seite des Lebens sehen. Im Äußeren ist für diese Menschen Lebensfreude und die Leichtigkeit des Seins sehr wichtig. Sie vermitteln den Eindruck, dass sie diese Aspekte ins eigene Leben integriert haben. Dadurch können sie manchmal auch als leichtsinnig bezeichnen werden. Es ist alles aber nur eine Kulisse, die niemanden dahinterschauen lässt. Der Agrimony-Charaktertyp ist sehr beliebt in der Gesellschaft. Er ist dank seiner positiven Ausstrahlung überall willkommen.

Umso schwerer ist es für diesen Menschen, wenn er alleine bleibt und seine Maske ablegt. Dann kommen die Probleme und Schwierigkeiten aus der unbekannten, nicht reflektierten Seelenseite hoch, und er fühlt sich überrollt von ihnen. Die fröhliche, äußere Seite wechselt schnell zu der anderen, schwer ertragbaren inneren Seite.

Statt Freude empfindet er nur die Traurigkeit und Schwere von unlösbaren Problemen. Eine große Besorgnis trübt ihm seine Zukunft, von der er Angst hat. Als Flucht von diesem Gefühl braucht er Alkohol, Zigaretten, Drogen oder anderen Suchtmittel, um diesen Zwiespalt nicht wahrnehmen zu müssen.

Der Agrimony-Charaktertyp benutzt nach außen eine Maske der Fröhlichkeit oder ein Suchtmittel, was gerade parat ist, um seine wahre Situation und seinen inneren geistigen Zustand zu verbergen und die Probleme nicht wahrzunehmen. Die zwei Seiten seines Seins zu behalten, kostet ihm viel Kraft. Er fühlt sich ermüdet und ausgelaugt. Tief innerlich weiß er, dass er die Situation nicht mehr im Griff hat, und es ist nicht selten, dass er umso mehr Suchtmittel benutzt. So versinkt er weiter in seinem Teufelskreis.

Als moderne gesellschaftliche Droge kann man auch Internet und Social Media bezeichnen. Das permanente Suchen nach der neuesten Unterhaltung hilft, den eigenen Problemen zu entfliehen. Immer neue Impulse zu erschaffen, übertüncht die Probleme mit der eigenen Situation und lässt alles „normal" erscheinen. Das tiefsitzende Gefühl, allein mit dem eigenen Problem konfrontiert zu sein, ist unterdrückt, und man bleibt weiterhin an der Oberfläche.

Der Agrimony-Charaktertyp sucht Harmonie und Zufriedenheit meistens an der Oberfläche. Es hilft ihm, seine Probleme zu unterdrücken und mit scheinbar guter Laune zu überspielen. Falls ihn jemand dafür kritisiert, fühlt er sich angegriffen und kann keine sachliche Auseinandersetzung führen. Er ist besorgt, dass jemand seine tiefsitzenden unterdrückten Probleme entdecken könnte.

Oft werden diese Menschen in ihrem negativen emotionalen Zustand als „Clown" bezeichnet – sie lachen nach außen, aber sagen nie, wie es ihnen im Inneren wirklich geht. Sie wollen es auch nicht erzählen, da alle von ihnen nur das fröhliche Gesicht erwarten. Zumindest denken diese Menschen über sich, dass die Fröhlichkeit immer von ihnen erwartet wird – und sie möchten die Gesellschaft auch nicht enttäuschen. Leider enttäuschen sie sich selbst dabei!

Agrimony hilft diesen Menschen, ihre eigene Mitte zu finden und aus dieser zu leben. Sie zentriert und lässt sie beide Seiten der Persönlichkeit nach außen zeigen. Der Mensch muss nicht mehr etwas verbergen, um angenommen zu werden, er kann natürlich und authentisch sein. Dadurch gewinnt er einen anderen Zugang zu sich selbst und zur Realität. Er merkt, dass die Probleme nicht da sind, um sie zu verbergen oder zu verheimlichen, sondern sie sind eine Herausforderung, die einen Menschen in seiner geistigen Entwicklung fördern und sein Potenzial öffnen.

Durch die Annahme dieser Essenz kann der Agrimony-Charaktertyp Frieden in sich selbst finden. Er ist bereit, über sich und sein Leben offen zu sprechen, ohne Sorge zu haben, dass er das Interesse an seiner Persönlichkeit verlieren wird. Agrimony fördert und unterstützt Authentizität. Der Mensch kann sich treu bleiben und nach außen so zeigen, wie er wirklich ist. Er benötigt dazu kein Suchtmittel, um seine aufgesetzte Rolle, mit der er innerlich nie glücklich war, zu behalten. Er ist in der Lage, in der Polarität des Alltags eine Einheit zu sehen, die zusammengehört und nicht trennbar ist. Er kann mit seinen Schwächen sowie mit seinen Stärken gut umgehen und muss nicht eine vor der andere verbergen. Es ist seine große Gabe, den Alltag mit allen Herausforderungen so anzunehmen, wie er ist, und sich dabei immer treu zu bleiben.

BESONDERE MERKMALE:

Agrimony hat sich als hilfreich erwiesen in alltäglichen Situationen, in denen man statt nach einer Lösung lieber nach einer Ablenkung sucht. Man vermeidet absichtlich die Realität, redet sie sich schön und will nicht die wahre Situation sehen, weil durch die Wahrheit eine Illusion zerstört würde. Tief innerlich weiß man, dass die Situation so nicht lange zu ertragen ist, aber man hat nicht die nötige geistige Klarheit oder Kraft, die Realität so sehen, wie sie ist. Die Sehnsucht nach Zufriedenheit und einer Welt, die in Ordnung zu sein scheint, ist zu groß.

Zu den Ablenkungsmitteln gehören sowohl Alkohol, Zigaretten und Drogen, wie auch die Einnahme von Tabletten oder Medikamenten, die die Wahrnehmung trüben und Ängste unterdrücken.

Eine gesellschaftlich verbreitete und noch nicht als schädlich eingeschätzte Ablenkung stellt auch das Internet dar. Statt nach innen zu schauen und sich selbst zu verstehen, schaut man lieber nach außen in die Welt der anderen. Es bleibt unreflektiert, wie sehr die eigene Wahrnehmung getrübt und manipuliert wird durch die permanente Zufuhr von neuen Informationen und Impulsen. Man ist dem äußeren Geschehen ausgeliefert und verliert den Halt für sich und seine Realität. So entsteht eine Zerrissenheit zwischen der äußeren und inneren Welt.

Agrimony hilft, aus der eigenen Mitte zu handeln, seine eigenen Bedürfnisse und Möglichkeiten real anzuschauen und dafür zu stehen, was für einen wichtig ist.

In der therapeutischen Praxis hat sich Agrimony bewährt bei Klienten, die nach Suchtmitteln verlangen, um ihre Position nach außen zu festigen und sie nicht zu verlieren. Sie spüren, dass sie perfekt funktionieren müssen, und haben Angst, nicht akzeptiert und angenommen zu werden von der Umgebung, wenn sie nicht mehr wie gewohnt funktionieren und ihr wahres Gesicht zeigen.

Auch in Situationen, in denen ein Klient nicht seinen wahren gesundheitlichen Zustand annehmen will, seine Krankheitssymptome beschönigt und immer nur leicht redet, hilft diese Essenz, Klarheit über die physischen und seelischen Kräfte zu bekommen und Verantwortung für die eigene Gesundheit zu übernehmen. Erst dann können sich die Heilungskräfte entfalten und zur Genesung führen.

2 ❁ **ASPEN** – Zitterpappel

Die Essenz Aspen benötigen jene Menschen, die unter Ängstlichkeit leiden. Ihre Erwartungshaltung ist geprägt von negativen Gedanken, und sie stehen unter dem Druck der eigenen Befürchtungen. Die unterschwellige Angst, alles könnte schiefgehen, ist ihr ständiger Begleiter. Gegenwart und Zukunft sowie mögliche neue Ereignisse sind in ihrer Wahrnehmung stets negativ. Für sie ist das Glas halb leer.

„Am Freitagabend habe ich oft ein komisches Gefühl im Bauch. Ich denke stets, etwas könnte mir das Wochenende vermiesen. In unserer Familie verfolgt jeder sein eigenes Programm, Tanzschule, Sport, Verein und anderes. Deshalb ist es nicht leicht, dass wir alle zusammenfinden können. Doch wir treffen uns alle mittags oder abends beim Essen und können über unsere Erlebnisse berichten. Trotzdem bleibt mir dieses unangenehme Gefühl.

Auch wenn ich mich mit Kolleginnen verabrede, kann ich mich nicht freuen, weil ich in mir den Zwang habe, darüber nachzudenken, was alles schiefgehen könnte. Es ist unsinnig, ich weiß das. Doch obwohl ich fühle, wie mir diese Befürchtungen die Freude stehlen, kann ich es nicht lassen, ihnen Energie zu geben.“

So beschrieb eine Klientin ihr Dilemma – ein typischer Aspen-Zustand.

Sensible Menschen können sich in Lebenssituationen und in andere Menschen sehr gut einfühlen. Diese Art von Sensibilität birgt jedoch eine Gefahr: Ein eigenes Ungleichgewicht kann auf die anderen projiziert werden, wodurch der Fokus auf das Negative das eigene Leben belastet. Daraus speisen sich Erwartungshaltungen, die nicht absichtlich gegen andere gerichtet sind. In diesem Zustand blockiert die Ausrichtung auf das Schlechte die Freude und Spontaneität. Es ist eine „Empfindung des Bösen", wie sie oft vom Aspen-Charakter beschrieben wird. Dadurch ist er unruhig und interpretiert womöglich in seine Umgebung die Anwesenheit von dunklen Kräften hinein und gibt dieser Seite mehr Macht, als sie tatsächlich hat. Jede Kleinigkeit wird auf ihren dunklen Symbolgehalt hin untersucht und dadurch entsprechend aufgeladen.

Es kann so weit gehen, dass diese unbegründeten Ängste Schwierigkeiten beim Einschlafen verursachen, weil man Angst hat, während des Schlafes könne etwas Unangenehmes geschehen. Der Aspen-Charakter will zwanghaft die Kontrolle über sich und die Situation behalten. In der Psychologie spricht man von der „Angst vor der Angst". Besonders bei Entzugstherapien oder auch bei allergischen Anfällen könnte diese Essenz ein Mittel sein, das dem Betroffenen hilft, mit einer unerwünschten Situation besser umgehen zu können. Die Angst vor einem Rückfall oder vor einem allergischen Anfall kann zu einer Ohnmacht führen, die es dem Aspen-Typ erschwert zu vertrauen. Doch das sollte er lernen.

Das natürliche Vertrauen ins Lebens und der Lebensfluss werden durch negative emotionale Zustände blockiert. Ängste sind die Folge. Dadurch ist auch die Lebenskraft blockiert, was irgendwann unweigerlich zu körperlichen Symptomen führt. Die Essenz kann (schon vor der Entstehung von Krankheiten) dabei helfen, wieder ein Gefühl des Vertrauens zu wecken sowie eine neue Sinnfindung im Leben zu erreichen. Sie werden lernen, Zusammenhänge besser zu überblicken und Verständnis dafür zu entwickeln, dass auch scheinbare Fehler oder Unstimmigkeiten zum Leben dazugehören. Darin einen positiven Sinn zu finden sowie die Ganzheit einer Situation zu erkennen und anzunehmen, ist die große Aufgabe des Aspen-Typs. Unbegründete Ängste sind meistens auf eine negative Erfahrung in der Vergangenheit gegründet.

Durch Selbstreflexion kann man die wahre Ursache finden. Sie zeigt, warum man plötzlich an einer Stelle verharrt, nicht mehr spontan sein oder sich gar nicht mehr verabreden kann, und dadurch seine eigenen Ängste nährt. Das zu erkennen, befreit aus der Beklemmung und schenkt Gewissheit darüber, dass jede Situation ihre eigene Weisheit hat, auch wenn man sie nicht sofort sehen kann.

BESONDERE MERKMALE:

Es kommt im Leben zu Situationen, die einen zunächst negativ stimmen. Die Folge davon ist, dass man der Situation die Schuld gibt, wodurch man das Positive nicht mehr sehen kann. In solchen vorübergehenden Phasen hilft die Essenz Aspen dabei, innere Klarheit zu bewahren und sich nicht von Negativität dominieren zu lassen. Nicht selten hemmt die Ängstlichkeit dabei, eine Lösung zu finden, da man schon vorher mit dem Negativen rechnet. In diesen Entwicklungsphasen, in denen die eigene Kraft und Klarheit durch Angst vernebelt ist, empfiehlt es sich, für ein bis drei Tage diese Essenz zu nehmen, um sich innerlich zu klären und neu auf die Situation einzustellen.

3 ❁ BEECH – Rotbuche

Unzufriedenheit und Intoleranz charakterisieren jene Menschen, die sich im negativen Zustand der Essenz Beech befinden. Sie kritisieren alles, was ihnen im Leben widerfährt, finden Fehler an allem, was sie umgibt. Für sie gibt es überall nur Unstimmigkeiten, Probleme und Komplikationen. Nichts ist so, wie es sein könnte.

Sie stehen in permanentem Kampf mit ihrer Umgebung, die angeblich dafür Verantwortung trägt, dass Situationen problematisch und disharmonisch sind. Kein Wunder, wenn Mitmenschen genervt reagieren. Anstatt einer freundlichen Atmosphäre schaffen die Beech-Typen Anspannung, Stress und Disharmonie. Es ist eine Lage, in der Kreativität gehemmt wird.

Eigentlich streben Beech-Charaktere nach Vollkommenheit. Im negativen Zustand sehen sie alles, jedes Detail, das diese Vollkommenheit hemmt. Sie erschaffen riesige Probleme. Mahlzeiten sind nie perfekt abgerundet, Sonnenstrahlen sind zu intensiv, Regen ist zu nass, Kaffee zu schwarz. Zur Vollkommenheit fehlt es immer an etwas. Innere Unzufriedenheit oder fehlende Akzeptanz dessen, was ist, können die Ursache sein. Diese Menschen haben höhere Ideale und eine feste Vorstellung davon, wie man diese erreichen kann. Pedanterie lässt den Beech-Typus unflexibel erscheinen. Dadurch, dass er sich selber mit allen seinen Schwächen und Stärken, nicht annehmen und akzeptieren kann, projiziert er diese nach außen. Durch eine aktive Kritik wiederum erwartet er eine Verbesserung der Lage. Wenn jene nicht eintritt, kann er aggressiv werden. Beech-Charaktere erhöhen sich mit ihren Anforderungen ihrer Umgebung gegenüber und beurteilen jeden, der sie nicht erfüllen kann.

Es ist die innere Unzufriedenheit, die sie dazu treibt, die anderen zu kritisieren und zu beurteilen. Für eine gewisse Zeit fügt sich die Umgebung, in der Hoffnung auf Zufriedenheit. Doch der Beech-Charakter findet immer neue Aspekte, die ihn stören, und das gleiche Muster wiederholt sich immer wieder. Er bemerkt nicht, dass der eigentliche Störfaktor nicht in der Umgebung, sondern in ihm selbst liegt.

Beech-Typen sind in ihrem negativen Zustand äußerst anstrengende Zeitgenossen. Kaum eine Bemühung ihrer Liebsten trifft auf positive Resonanz. Frustration und Enttäuschung sind die Folge. Der unzufriedene Mensch versucht ständig, den anderen zu zeigen, dass eine Optimierung immer möglich ist, wenn sich alle Beteiligten nur mehr Mühe geben. Eine Beziehung kann dadurch sehr leiden, da Anerkennung keinen Raum hat.

Kompliziert sind Beech-Charaktere auch als Patienten. Keine Therapie erscheint ihnen recht und wirksam, Negativität und übertriebene Kritik blockieren ihre Selbstheilungskräfte. Besonders zeigt sich diese Überempfindlichkeit und Unzufriedenheit mit den äußeren Einflüssen bei Allergikern.

Die Essenz Beech hilft den Betroffenen, ins Gleichgewicht zu kommen und die Situation und das Leben so zu akzeptieren wie es ist – mit beiden Seiten. Sie lernen, dass auch die Schwächen zum Ganzen gehören und man durch sie etwas lernen kann. Statt eine Schwäche zu kritisieren und sie in negatives Licht zu stellen, lernt man durch sie, innerlich zu wachsen. Man verharrt nicht in Unzufriedenheit, weil etwas anders ist, als man es sich wünscht, sondern man respektiert, dass sich etwas anders entwickeln und doch seine Vorteile haben kann.

Dr. Edward Bach schrieb in seinem Werk „Die zwölf Heiler und andere Heilmittel" Folgendes: *„Für jene, die das Bedürfnis haben, in allem, was sie umgibt, besonders das Gute und Schöne zu sehen. Und obwohl vieles offensichtlich falsch ist, haben sie doch die Fähigkeit, das Gute im Inneren zu erkennen.*

So achten sie darauf, toleranter, nachsichtiger und verständnisvoller gegenüber den verschiedenen Weisen zu sein, in denen jeder Einzelne und alles sich seiner jeweiligen Vollendung nähert."

Die Essenz Beech hilft diesen Menschen, ihre Toleranz zu entwickeln und das Leben in seiner Gesamtheit zu betrachten. Sie werden bereit dazu, zusammen mit ihren Lieben, Lösungen zu finden und öffnen sich für andere Meinungen. Letztlich wird klar, dass man sich gegenseitig bereichern kann, wenn jeder seine eigene Individualität entfaltet. Das bringt Entspannung in die

Kommunikation und lässt neue Möglichkeiten für das Gemeinsame zu.

BESONDERE MERKMALE:

Jeder kann für kurze Zeit unter dem negativen Zustand von Beech leiden. Oftmals macht man andere verantwortlich für die eigene Gereiztheit oder Unzufriedenheit und kritisiert andere Standpunkte. Sucht man zunächst die Fehler in der Umgebung, sei es nun bei Arbeitskollegen, Partnern, Kindern, Schwiegereltern oder Nachbarn, ist das ein Zeichen für fehlende Akzeptanz der Situation. Man würde sie gerne nach dem eigenen Gutdünken (Egoismus!) gestalten. Die Essenz Beech hilft in solchen Momenten, wieder zurück zur inneren Mitte zu kommen und die Situation realistisch einzuschätzen. Man stellt keine übertriebenen Erwartungen mehr an die Umgebung und kann den eigenen Anteil am Ganzen sehen. Aus guten Absichten können sich Zufriedenheit und Vertrauen in die Sinnhaftigkeit allen Geschehens entfalten. Fällt es einem schwer, ein Gegenüber zu akzeptieren – genau so, wie es ist –, kann Beech eine Brücke bauen. Kritik und Urteil werden sich nicht wiedereinstellen, sondern Akzeptanz wird wachsen.

4 ❁ **CENTAURY** – Tausendgüldenkraut

Übertriebener Altruismus ist ein typisches Merkmal für jene Menschen, die sich im negativen Zustand der Essenz Centaury befinden. Sie tun alles für ihre Mitmenschen, vergessen dabei allerdings die eigenen Bedürfnisse und sich selbst, um Frieden und Harmonie zu erhalten. Sie sind lieb, immer hilfsbereit und völlig offen für die Forderungen der anderen. Ihr Helfersyndrom ist stark ausgeprägt, und sie unterwerfen sich ihm, um die Rolle des Guten/Braven in der Fremdwahrnehmung nicht zu verlieren. Diese Rolle ist ihnen so stark eingeprägt, dass die feine innere Wahrnehmung über die eigene Freiheit und Individualität gar nicht mehr sichtbar scheint. Das Aufgeben ihrer Unterwürfigkeit würde die Centaury-Charaktere in die Sorge stürzen, die Akzeptanz ihrer Umgebung zu verlieren.

Würden sie ihre Individualität zeigen, riskierten sie die immer positive Meinung der anderen. Ihr Fokus liegt auf der Meinung der anderen. Sie sagen niemals „Nein!“ und unterwerfen sich bedingungslos fremden Erwartungen. Auch Wut und Frust lassen Centaury-Charaktertypen nur kurzfristig an sich selbst denken. Recht bald versuchen sie, weiter alles in der bisherigen Ordnung und Harmonie zu halten.

„Ich bin von mir selbst enttäuscht, wenn ich nicht in der Lage bin, Nein zu sagen!“ , beschrieb eine Klientin ihren Zustand. *„Es bringt mich in Stress! Ich würde gerne klar sein und auch einmal Nein sagen können, doch etwas in mir hemmt mich. Ganz gleich, wie viel Druck ich mir dadurch schaffe, sage ich: „Ja, ich komme und helfe Dir!“ Bittet mich eine Freundin mit ihrem kleinen Kind um Hilfe, will ich sie nicht enttäuschen. Mein Maßstab ist absolute Not – liegt diese nicht bei mir vor, kann ich nur Ja sagen. Es ist mir wichtig, dass ich nicht unfreundlich wirke oder gar so rüberkomme, als würde ich Hilfe verweigern.“*

Das Bedürfnis nach Harmonie, Liebe und Anerkennung treibt diese eigentlich sehr starken Persönlichkeiten dazu, sich selbst und die Grenzen zwischen dem „Ich“ und der Umgebung zu übersehen. Sie sind in der Lage, sich selbst völlig zu vergessen, und stellen sich gerne in die Dienste der anderen. Das ist die schwache Seite der Centaury-Typen. Autoritäre Menschen nutzen das unter Umständen aus, und die Centaury-Charaktere bemerken nicht, wenn sie ein Objekt von Manipulation oder Missbrauch werden.

Centaury-Charaktere sind einerseits überzeugt, dass es gut und richtig ist, für die anderen alles zu tun. Gleichzeitig spüren sie tief in ihrem Inneren, dass es sie nicht erfüllt oder glücklich macht, immer nur nach der Zufriedenheit der anderen zu streben. Es fehlt ihnen das Bewusstsein und der Wille, Grenzen zwischen „mein Glück" und „dein Glück" zu ziehen, sowie dafür, Eigenverantwortung zu übernehmen. Nur wer es gelernt hat, für sich selbst verantwortlich zu handeln, kann es auch – in Grenzen – für andere tun, wie etwa für die eigenen Kinder.

Auch in der Partnerschaft sind sie oft einverstanden mit allem, was der Partner will, nur um eine Konfrontation zu vermeiden. Scheinbare Harmonie ist für ihre Gefühlswelt sehr wichtig. Rasch entsteht dadurch eine Co-Abhängigkeit, in der einer führt (manipuliert) und der andere sich führen (manipulieren) lässt. Da sie die eigene Individualität für das Gute im Äußeren zur Seite stellen oder ganz verleugnen, fühlen sie sich durch dieses falsch ausgedrückte Pflichtgefühl müde und ausgelaugt.

Unbewusst übernehmen auch die Kinder diese unterwürfige Rolle gegenüber ihren Eltern. Besonders bei Problemen zwischen den Eltern fühlen sich die Kinder oftmals verantwortlich für Harmonie und Frieden in der Familie und tun alles dafür, um keinen Ärger zu schüren. Durch liebevolle Pflichterfüllung vergessen sie die eigene Persönlichkeit sowie ihre Bedürfnisse und versuchen dadurch, das zerrüttete Familienleben zu retten. Innerlich empfinden sie dabei aber eine große Frustration und Leere. Die Essenz Centaury hilft ihnen, mehr Distanz zu einer Situation zu schaffen und sich nicht verantwortlich für das Verhalten der Eltern zu fühlen.

Centaury hilft unterdrückten Menschen, aus dem Schatten der anderen zu treten und für sich selbst einzustehen. Das bedeutet nicht, Pflichten zu vernachlässigen, sondern unterscheiden zu lernen, was für die anderen und was für einen selbst wichtig ist. Sie stellen die anderen nicht auf eine höhere Position und sind in der Lage, auch eigene Interessen gleichwertig zu vertreten. Dadurch fällt es leichter, Entscheidungen zu treffen. Meinungen und Erwartungen der anderen sind nicht mehr länger Priorität. An diese Stelle treten Selbstbewusstsein und der eigene Standpunkt.

Die Centaury-Typen lernen, eigene Grenzen wahrzunehmen und anzusprechen und schützen dadurch ihre innere Kraft und setzen ihre Lebensenergie auf sinnvolle Art und Weise ein. Sie wissen, was sie schaffen können, was in ihren Möglichkeiten liegt und haben nicht das Bedürfnis, sich durch Wohltätigkeiten zu profilieren. Dadurch wächst ihr Selbstvertrauen. Sie empfinden es nicht mehr länger als ihre Pflicht oder als Hilfsbereitschaft, wenn sie ein Zeichen für guten Willen setzen, um Frieden und scheinbare Harmonie zu bewahren. Leben und leben lassen, kann zum Leitmotiv des Centaury-Charakters werden.

BESONDERE MERKMALE:

Aus Liebe und Zuneigung vergisst man oft sich selbst. Doch das Ausleben des Helfersyndroms allein führt nicht zu Wohlstand, Gesundheit und Zufriedenheit. Oftmals unternehmen Eltern mehr, als in ihrer Kraft liegt, um ihrem Kind zu einer besseren Ausbildung zu verhelfen. Sie übernehmen mehr alltägliche Pflichten, damit das Kind Ruhe und Zeit zum Studieren hat, doch dadurch geraten die Eltern in einen Modus, der wiederum das Kind in die Rolle der Pflichterfüllung treibt. Das stellt weder Eltern noch Kinder zufrieden. In vielen alltäglichen Situationen ist man dazu geneigt, guten Willen und Hilfsbereitschaft zu zeigen. Selten stellt man sich dabei die Frage nach der Absicht und danach, ob man wirklich helfen kann. Wenn man hilft, ist es wichtig, kein bestimmtes Ergebnis zu erwarten – nur dann ist es liebevolle Hilfe. Doch meistens geht es bei Hilfestellung um Status, Zuneigung und Anerkennung. Dabei verliert man sich selbst und versteht am Ende den Ausgang nicht, da man es ja nur „gut gemeint“ hat.

Centaury hilft in solchen Situationen, die eigene Position zu hinterfragen und für das Wohl des Ganzen zu handeln, also auch für sich selbst. Man leidet nicht mit, sondern man zeigt Mitgefühl. Aus Verständnis – nicht aus Leid – findet man eine Lösung. Man übernimmt die Verantwortung für sich und überlässt den anderen ihre Beteiligung an der ganzen Situation. So können sich Anspannung und Überforderung verändern und werden zu Klarheit, Verständnis und gegenseitigem Respekt. Man achtet so auch die eigene Individualität und nimmt nicht eine Verantwortung auf sich, die der eigenen Kompetenz fernliegt.

5 ❁ CERATO – Bleiwurz

Cerato-Charaktere verfügen über große Weisheit. Im negativen Gemütszustand jedoch zweifeln sie viel an der eigenen Überzeugung. Diese Unsicherheit ruft unter Umständen großen Leidensdruck und Blockaden hervor.

„Soll ich ein Seminar besuchen, um mich weiterzubilden, oder genügt es, wenn ich zum entsprechenden Thema ein Buch lese? Meine Kollegin ist begeistert von Webinaren, aber ich traue der Technik nicht. Allerdings ist es jetzt „in". Mir fehlt dabei das Menschliche. Ich weiß nicht, was besser für mich ist. Was würden Sie an meiner Stelle machen?"

Doch auch meine Antwort auf diese Frage – was ich an ihrer Stelle tun würde – änderte nichts an der Unsicherheit meiner Klientin, die mich aufgrund ihrer Zweifel konsultierte. Sie bewegte sich weiter gedanklich hin und her, indem sie alle Möglichkeiten durchdachte. Dabei hatte sie ihren eigenen Standpunkt zum Wanken gebracht. Vor mir saß ein typischer Fall von Cerato. Ratschläge um Ratschläge werden eingeholt, und dadurch verlagert sich die Konzentration nach außen. Der Fokus auf das eigene Innere wird durch die ständigen Vergleiche versperrt. Was macht er, was macht sie, …? Könnte das auch gut für mich sein? Das sind typische Cerato-Fragen, die unweigerlich in einen Teufelskreis münden. Diese Unruhe ruft einen nervösen Zustand hervor, der dazu führt, dass der Betroffene immer weiter nach Antworten im Äußeren sucht. Was könnte besser sein? Die Antwort auf diese Frage will der Cerato-Typ gar nicht hören, denn eigentlich weiß er ja – tief in seinem Inneren –, was er will. Doch irgendetwas scheint ihn davon abzuhalten, sich selbst zu vertrauen.

Es fehlt ihm Selbstvertrauen und der Mut, den eigenen Standpunkt zu vertreten. Er meint, andere würden sich besser auskennen, und ist jedes Mal enttäuscht, wenn er nicht hört, was er hören will. Längst hat der Cerato-Charakter in dieser Phase seiner Suche sein Licht unter den Scheffel gestellt, was ihn in eine Endlosschleife von Zweifeln führt. Seine Antworten kennt er von Anfang an: Sie liegen tief in seiner inneren Weisheit verborgen. Doch der Cerato-Typ will ihr nicht folgen. Er projiziert sein Selbstvertrauen auf die anderen und sucht Bestätigungen, die ihn dazu bewegen sollen, nicht weiter zu projizieren, sondern der eigenen Stimme zu lauschen.

Die Folge ist innere Zerrissenheit, weil nie jene Antworten kommen, die er hören will. Wenn innen und außen nicht äquivalent sind, sucht er weiter. Die Verunsicherung verstärkt sich. Die Lösung liegt im Denken: Sobald sich die Gedanken des Cerato-Typen beruhigen, er keine neuen – immer falschen – Informationen mehr einholt, hat er einen Moment geschaffen, der zu innerer Klarheit führt. Folgt er seinem Bauchgefühl, kann eine Potenzialentwicklung stattfinden.

Cerato-Patienten sind schwierige Fälle. Sie zeigen großes Interesse gegenüber neuen Angeboten und alternativen Heilmethoden – alle Hoffnungen legen sie nach außen und in diese Methoden. Mit diesem Fokus verhindern sie es, ihre Selbstheilungskräfte zu entfalten. Sie reflektieren nicht, ob die Umstände, die mit der Therapie zusammenhängen, stimmig für sie sind. Sie gleichen Antworten nicht mit sich selbst ab, sondern vergleichen Antworten mit Antworten, die von außen kommen. Antworten berühren niemals ihr Inneres. Die Lösung liegt auch hier wieder im Denken. Die Signale des Körpers nehmen die Cerato-Charaktere wahr, ignorieren sie jedoch, indem sie massenhaft Informationen sichten. Nicht Heiler, Methoden oder Medikamente heilen, sondern der Vertrauensimpuls auf die eigenen Wahrheit.

Die Essenz Cerato hilft allen verunsicherten und verzweifelten Menschen, zur inneren Wahrheit zurück zu finden und der inneren Stimme zu folgen. Sie schenkt innere Ausgeglichenheit und Vertrauen in die eigene Meinung und innere Führung. Man fühlt sich wieder innig mit dem eigenen Leben verbunden. Die wichtigen Entscheidungen trifft man aus der inneren Weisheit heraus und folgt so seinem individuellen Weg und seiner Berufung. Cerato fordert die Individualität in jedem Menschen und baut Selbstvertrauen auf. Sie unterstützt jeden, der sich von äußeren Einflüssen befreien und der inneren Weisheit folgen möchte.

BESONDERE MERKMALE:

In der heutigen schnelllebigen Zeit ist es besonders wichtig, der inneren Stimme zu lauschen und der eigenen Weisheit zu vertrauen. Täglich sind wir mit vielen Informationen konfrontiert, die womöglich zu einem Gefühl von Verwirrung führen, die belastend wirken oder auch gezielt manipulieren. Sich diesen Einflüssen zu stellen, sie zu filtern und nach Wichtigkeit zu ordnen, ist für jeden Menschen eine Herausforderung – für den einen mehr, für den anderen weniger. Wer nicht in seiner Mitte verankert ist, gerät ins Schwanken und verliert womöglich seine Ausrichtung auf das Wesentliche in seinem Leben. Cerato hilft, in solchen vorübergehenden Situationen die eigene Meinung zu bewahren und das zu entfalten, was dem eigenen Wesen entspricht, unabhängig von Kategorien wie „modern“, „in“, „populär“, „erfolgreich“ oder

„gut verkauft“. Es zählt vielmehr die allein wirkende Wohltat und Potenzialentfaltung – ganz unabhängig von der Umgebung. Das ist freie Individualität fern vom Mainstream.

Besonders wichtig ist der Blick auf den eigenen Standpunkt im Umgang mit dem digitalen Netz. Bei der Online-Recherche verliert man sich unter Umständen in verschiedensten Angeboten und Möglichkeiten und fragt sich am Ende, was man eigentlich suchen wollte. Das ist natürlich Zeitverschwendung. Cerato ist eine der Essenzen, die den Fokus auf das Wesentliche festigen und die eigene Kraft zentriert und sinnvoll einsetzen lässt. Aussagen und Informationen werden rascher als sinnlos oder sinnvoll erkannt.

Die Essenz Cerato ist sehr gut in jenen kurzen Phasen anwendbar, in denen man Zweifel an sich nagen spürt. Sie fördert die Wahrnehmung der Intuition und erlaubt es, sich neu mit dem Alltag, der Umgebung, ja der ganzen Welt zu verbinden. Es kann eine Rückverbindung mit dem großen Ganzen stattfinden – dem eigenen, ganz individuellen Sinn des Lebens.

Die Essenz hat sich auch als hilfreich erwiesen, wenn man eine gewisse Zerrissenheit zwischen Denken und Fühlen empfindet, wenn der Kopf etwas anderes sagt als das Herz. Die regelmäßige Anwendung ermöglicht es, im richtigen Moment die richtige Entscheidung zu treffen und so seinem wahren Ich zu folgen.

6 ❁ **CHERRY PLUM** – Kirschpflaume

Wie stark Emotionen sich manifestieren können, beweist die Essenz Cherry Plum.

Viele Menschen leiden darunter, dass sie in schwierigen Situationen ihre Gefühle und Emotionen nicht unter Kontrolle bekommen und dadurch schnell in Verwirrung geraten. Sie fühlen sich geschwächt durch plötzlich wahrgenommene Emotionen und stehen häufig kurz vor einem Wutausbruch oder vor einem anderweitig emotional ausgelösten Zusammenbruch.

Menschen, die Cherry Plum benötigen, finden keinen Ausgleich zwischen Verstand und Gefühl. Sie leiden unter starker psychischer Anspannung, unterdrücken ihre Emotionen, die tief im Inneren brodeln und noch mehr Spannung verursachen. Es kostet sie fast ihre gesamte Kraft, die eigene Emotionalität unter Verschluss zu halten.

Da Emotionen eine lebendige Kraft haben, verursacht es Unheil und Chaos, wenn man sie bündelt und unter Druck setzt, ihnen keinen Raum zum Entfalten und zum Leben gibt. Unterdrückte Emotionen können wie eine Zeitbombe auf eine Persönlichkeit wirken.

Doch vor einer emotionalen Explosion haben Cherry Plum-Charaktertypen Angst. Sie wissen, dass unkontrollierte Emotionen sie impulsiv werden lassen. Darauf basierende Handlungen würden sie unter Umständen sehr bedauern. Durch einen emotionalen Ausbruch verschiebt sich ihre Wahrnehmung der Realität, und womöglich wird das Verhalten während eines Wutausbruchs destruktiv. In Grenzsituationen sind Cherry Plum-Typen ihren Emotionen oftmals vollkommen ausgeliefert.

In der Psychologie bezeichnet man dieses Verhalten als cholerisch. Wutausbrüche, Geschrei und Tobsucht sind typische Verhaltensweisen von Cherry Plum-Charaktertypen. Die Ursache liegt in unterdrückten Gefühlen und Empfindungen. Sie leiden zudem unter der Angst, vom Verstand überrollt zu werden, wenn die Emotionalität ganz ausgelebt wird.

Diese Menschen halten stark an gewissen Mustern, Rollen oder Überzeugungen im Leben fest und ändern nur ungern etwas. Durch eine Abweichung könnten sie womöglich von ihren Emotionen überwältigt werden – und sie fürchten ihre Reaktionen.

Ihr Verstand ist ein Garant für Kontrolle und Macht über ihre Emotionen.

Cherry Plum-Charaktere glauben, ihr Nervensystem sei nicht stark genug, um mit großen Emotionen und Impulsen umgehen zu können. Bei einem Zusammenbruch neigen sie dazu, anderen die Schuld dafür zu geben, und sie sind es leid, sich durch Wut destruktiv zu verhalten.

„Es tut mir jedes Mal leid für meine Partnerin, wenn ich den Geruch von gebratenem Fleisch kritisiere, der mir in die Nase steigt, wenn ich von der Arbeit zurück nach Hause komme. Sie kocht dieses Fleisch für unseren Sohn. Ich bin kein Fleischesser, und der Geruch erinnert mich an den Schlachthof in unserem Dorf, in dem ich aufgewachsen bin. Wir haben darüber gesprochen und eine Abmachung getroffen, aber sie hält sich nicht daran. Ich bin Lehrer, arbeite den ganzen Tag mit Kindern, die alles anders machen, als ich will, und deren Aufmerksamkeit ich wachhalten muss. Zu Hause benötige ich Raum, um abzuschalten. Doch steigt mir an der Haustüre der Geruch von Braten in die Nase, bringt mich das fast zum Ausrasten. In dieser Situation bin ich oftmals zu kritisch und impulsiv. Ich kann mich kaum beherrschen, und das bringt meine Partnerin wiederum zum Weinen."

Das ist ein Beispiel für einen Menschen, der unter der negativen Seite des Cherry Plum-Charakters leidet. Mit seiner Bereitschaft, diesen Zustand zu ändern, half Cherry Plum ihm für eine gewisse Zeit, die eigenen Emotionen besser in den Alltag zu integrieren, also mehr Verständnis für die anderen zu zeigen und seine Umgebung nicht als Bedrohung wahrzunehmen. Seine Sorgen um die Erfüllung seiner Bedürfnisse – Ruhe und Entspannung – wurden weniger.

Diese Menschen kennen kein eigenes emotionales Leben oder haben mit den eigenen Emotionen schlechte Erfahrungen gemacht – oftmals schon im Kindesalter. Deswegen halten sie Emotionen unter Kontrolle, anstatt mit ihnen in Kontakt zu kommen und ihre Intensität zur Kraft- und Potenzialentfaltung zu nutzen.

Die Bach-Blüten-Fachliteratur empfiehlt Cherry Plum oftmals auch als Mittel gegen Suizid-Gedanken oder Besessenheit. Die Grundemotion liegt bei diesen Zuständen in der Angst vor destruktivem Verhalten oder vor den Schattenseiten von unreflektierten Emotionen. Die Essenz Cherry Plum ist ein Teil der Notfall-Essenz. Sie hilft dabei, Impulsivität und einen emotionalen Zusammenbruch in Grenzsituationen in den Griff zu bekommen und den nötigen Abstand zu bewahren.

Menschen, die Cherry Plum benötigen, sind willensstark und führen ein reichhaltiges emotionales Leben. Cherry Plum unterstützt im Umgang mit den eigenen Emotionen, dabei gewinnen sie an Kreativität und offener Spontanität. Die Umgebung profitiert von ihrer sprudelnden guten Laune, der Offenheit für neue Ideen und ihrer mentalen Klarheit.

Das Gleichgewicht zwischen Denken und Fühlen bringt Entspannung ins Leben dieser Menschen. Sie müssen nicht mehr unter dem Druck leiden, dass sie das eigene emotionale Leben nicht im Griff haben. Sie können Gefühle zeigen, loslassen oder sie der Situation entsprechend anpassen, ohne die eigene Individualität dabei in den Schatten zu stellen.

Positive Wirkung zeigt die Essenz Cherry Plum auch bei Menschen, die unter unkontrollierter Impulsivität leiden. Sie wirken für die Umgebung ausgeglichen. Wenn jedoch etwas passiert, was sie als bedrohlich für sich klassifizieren, reagieren sie sehr impulsiv, mit Wut und Geschrei. Dieser Impuls ist ein gewisser Schutz für ihre innere Verletzbarkeit, über die sie aber nur ungern sprechen.
Nachdem sie sich von ihrem emotionalen Druck befreit haben, wundern sie sich darüber, was passiert ist. Die Emotionen beherrschen in diesen Situationen ihr Bewusstsein. Ist diese An-

spannung vorbei, erlangen sie ihr klares Denken und ihre Fähigkeit zur Selbstreflexion zurück.

Die Essenz Cherry Plum schenkt impulsiven Menschen eine gewisse Gelassenheit. Sie mildert Impulsivität. Der Betroffene reagiert nicht mehr mit übertriebenen Emotionen, sondern ist sich seines Verhaltens bewusst und gewinnt immer mehr Macht und Kontrolle über seine Emotionalität, über seine Wut. Diese äußert sich nicht mehr als zerstörerische Kraft, sondern als Klarheit, durch die man gelassen zeigen kann, wenn einem etwas nicht gefällt oder man sich etwas anderes wünscht.

BESONDERE MERKMALE:

In unerwarteten, überraschenden Situationen ist es nicht selten, dass man von Emotionen überwältigt wird. Unreflektierte Emotionen sind oftmals mit alten Erinnerungen verbunden. Sie lösen Angst aus, sich selbst nicht mehr unter Kontrolle zu haben. Eine schlechte Nachricht, ein Verkehrsunfall, Streit, Beziehungskonflikte, ungelebte Standpunkte oder das Verschweigen der eigenen Meinung, weil man andere oder sich selbst schützen will – in allen diesen Situationen kann Cherry Plum dabei helfen, Denken und Fühlen auszugleichen.

Die Essenz Cherry Plum unterstützt Menschen, die „starke Nerven" brauchen, um bei einer Auseinandersetzung oder in Konfliktsituationen bei sich zu bleiben und innere geistige Klarheit, anstatt unkontrollierter Impulsivität zu bewahren. Sie schenkt innere Ruhe und Stabilität und vermittelt auch in schwierigen Situationen Kontakt zur Seele.

Immer, wenn der Geist in Gefahr gerät, und man den Eindruck gewinnt, sich in stressigen Schwierigkeiten zu verlieren, hilft die

Essenz Cherry Plum dabei, zurück ins Gleichgewicht zu kommen. In der therapeutischen Praxis hat sich Cherry Plum auch als unterstützendes Mittel bei schizophrenen Schüben bewiesen.

7 ❁ CHESTNUT BUD – Kastanienknospe

Ein Mensch, der sich in der immer gleichen Situation zu befinden scheint und nicht fähig ist, sich von diesen Wiederholungen zu befreien, benötigt die Essenz Chestnut Bud. Er beschäftigt sich mit allerlei Dingen, ist stets aktiv, doch es fehlt ihm an Konzentration. Jede Tätigkeit bringt neue Reflexionsmöglichkeiten mit sich, doch wer nicht richtig hinschaut, an dem gehen die Erfahrungen vorbei. Daraus entstehen Umwege, die man eigentlich vermeiden könnte. Es kann sich um den Schlüsselbund handeln, der wieder einmal nicht auffindbar ist, oder um ähnliche störende Kleinigkeiten. Auch könnte man jemanden um Hilfe gebeten haben, von dem man schon längst weiß, dass er nicht verlässlich ist. Es sind sich wiederholende Denk- und Handlungsmuster, im Kleinen wie im Großen.

Es kann sich um vorübergehende Kleinigkeiten handeln oder um lebenslang gewobene und erprobte Muster. Man hofft, eine negative Erfahrung wiederholt sich nicht, weil sich womöglich die Umstände geändert haben: Nicht aber die Denkmuster! Haben sich äußere Bedingungen geändert, wie etwa der Arbeitsplatz, Beziehungen, Wohnort oder Fortbewegungsmittel, heißt das nicht, dass sich auch die Absichten geändert haben.

Es geht um einen Mangel an Konzentration auf das Wesentliche. Man ist mit vielen Kleinigkeiten beschäftigt und verliert den Überblick. Nach einer gewissen Zeit fühlt man sich aufgrund von Kleinigkeiten gelangweilt und ist geneigt, im Äußeren etwas zu verändern. Trotzdem behält man sein Verhalten bei. Automatismen können das Leben in manchen Situationen erleichtern, gleichzeitig schränken sie jedoch die Flexibilität ein und verhindern Potenzialentfaltung. Dadurch wird der Chestnut Bud-Charakter müde und gewinnt womöglich den Eindruck, als wäre jeder Tag wie der andere.

Im negativen Zustand fehlt den Chestnud Bud-Typen zudem die Achtsamkeit für das Hier und Jetzt. Während einer Tätigkeit sind sie im Kopf schon einen Schritt weiter und vernachlässigen die gegenwärtige Aktion. Ihre Achtsamkeit ist dadurch zerrissen. So entstehen kleine Fehler und die daraus resultierende Unzufriedenheit oder Enttäuschung. Man schiebt es so gerne auf die äußeren Umstände, dabei geht es ausschließlich um die Ausrichtung und die Einstellung zur Gegenwart.

Eine gewisse Abwesenheit im Hier und Jetzt zeigen jene Menschen mit Hyperfokus. Sie sind nicht in der Lage, eine Situation zu überblicken. Man ist zum Beispiel beim Kochen so sehr konzentriert, dass man nicht bemerkt, wie jemand in die Küche kommt. Er fängt an zu sprechen, und es fällt vor Schreck das Messer aus der Hand. Das Browsen im Internet beansprucht die ganze Aufmerksamkeit, und man bemerkt nicht, dass man längst zu viele Informationen gelesen hat. Man verliert das eigentliche Ziel aus den Augen, weil man sich in einer Sache komplett verloren hat.

Chestnut Bud ist eine hilfreiche Essenz bei Lernblockaden für Kinder, Studenten und Erwachsene. In gewissen Momenten können sie bemerken, dass ihnen ein Impuls fehlt, um weiterzukommen und für die wesentlichen Informationen offen zu sein. Diese Essenz hilft ihnen, die Konzentration auf das Wesentliche zu bewahren und mit vollem Bewusstsein präsent zu sein.

Auch bei wiederkehrenden Krankheiten kann Chestnut Bud wirksam sein. Die Essenz heilt die Krankheit nicht direkt! Sie hilft dem Betroffenen aber, die seelischen Ursachen zu erkennen, die zur wiederkehrenden Krankheitssituationen geführt haben. Viele Allergiker oder unter Kopfschmerzen leidende Menschen bekommen durch Chestnut Bud die Möglichkeit, das eigene Verhalten besser zu reflektieren und es zum eigenen Wohl zu verändern.

Chestnut Bud ist eine wirksame Essenz, um alte Gewohnheiten und blockierende Verhaltensmuster zu verlassen. Weil sie die Aufmerksamkeit für das wahre Dasein stärkt, kann man leichter im Fluss des Lebens bleiben und dessen Aspekte wahrnehmen und genießen. Fehler sind nicht mehr länger Fehler, sondern Chancen, um sich selbst besser zu verstehen. Das Leben ist nicht mehr länger eine Wiederholung des immer Gleichen, sondern eine Herausforderung, sich selbst neu zu erleben und zu erkennen.

BESONDERE MERKMALE:

Chestnut Bud ist hilfreich in alltäglichen Situationen, die man mit Automatismen verbringt, weil sie einem das Leben leichter machen. Durch permanente Wiederholung verliert jedoch die Situation an Lebendigkeit und Achtsamkeit. Es scheint, als würde das Leben durch einen gelebt, als müsse man jeden Tag funktionieren, anstatt voll und ganz sein Leben auszukosten.

Immer gleiche Wege zur Arbeit werden mit der Zeit automatisch gefahren, kleine Details ziehen an einem vorüber, wie etwa die Färbung der Bäume oder neue Straßenschilder. Das Leben bringt immer Veränderungen mit sich, manchmal auch nur im Kleinen. Wenn man in gewissen Mustern denkt und lebt, bemerkt man diese kleinen Impulse nicht mehr. Nach einer gewissen Zeit scheint alles eintönig zu sein.

Das alltägliche Bewusstsein gewöhnt sich leicht an Selbstverständlichkeiten, da sie das Leben bequem machen. Kleine Fehler und Unstimmigkeiten werden dabei übersehen oder gar nicht wahrgenommen. Gerade diese können eine Möglichkeit sein, um hinzuschauen und zu hinterfragen, warum das Leben sich immer in den ständig gleichen Abläufen bewegt. Durch innere Reflexion wird erkennbar, warum man stets die gleiche Art von Freundschaften schließt, warum man immer auf den gleichen Tagesablauf beharrt, warum man nur die eine Farbe bevorzugt. Oft verhindert fehlende innere Klarheit einen Überblick über die gesamte Situation.

Chestnut Bud hilft dabei, die volle Achtsamkeit dem Moment und der Situation zu widmen, in der man sich gerade befindet. Durch diese Präsenz kann kreative Kraft fließen, und wir können das Leben mit allen seinen Schattierungen bewusst gestalten.

8 ❁ **CHICORY** – Wegwarte

Eine überfürsorgliche Mutter, die für ihre Familie alles macht, ist das beste Beispiel für den negativen Zustand der Essenz Chicory; denn für ihr Engagement erwartet sie Anerkennung und Dankbarkeit. Werden ihre Erwartungen nicht erfüllt, ruft das Enttäuschung, Traurigkeit und Wut in ihr hervor. Sie will das Beste für ihre Liebsten, aber dafür erwartet sie im Gegenzug Wertschätzung. Viele Mütter schlüpfen unbemerkt in diese Überrolle. Sie ist ein altes Muster, das der klassischen, moralisch geprägten Erziehung (nicht Beziehung) entspricht. Die Mutter ist verantwortlich für ihre Kinder, und schnell gerät sie in ein Pflichtgefühl, das sie jedoch nicht als solches erkennt. Überidentifikation kann eine Folge sein, durch die sie ihre Kinder einengt. Auch Erwartungshaltungen und deren negative Folgeerscheinungen wie Traurigkeit und Wut engen alle Beteiligten ein.

Der negative emotionale Zustand der Essenz Chicory betrifft natürlich nicht nur Mütter. All jene, die einen starken Bedarf an Wertschätzung auf ihre Umgebung projizieren, sind Chicory-Typen. In verschiedensten Lebensphasen werden wir mit diesen

Aspekten konfrontiert. Wir alle befinden uns auf der Suche nach Liebe, Zuneigung und Anerkennung. In zwischenmenschlichen Beziehungen lernen wir, mit diesen Werten umzugehen und sie bewusst zu leben.

Chicory benötigen alle Menschen, welche die eigene Bestimmung und Akzeptanz in der Zuneigung der Mitmenschen suchen. Sie kümmern sich um ihre Liebsten – mit der scheinbaren Absicht, nur das Beste für sie zu tun. Dabei beziehen sie eine herrische und manipulative Position, die sie in ihrem Eifer und ihrer Bedürftigkeit nach Anerkennung gar nicht wahrnehmen. Sie sind davon überzeugt zu wissen, was das Beste für ihre Umgebung ist. Mit allen Mitteln wollen sie die besten Voraussetzungen schaffen, damit andere ihre Fremd-Vorstellungen umsetzen können. Dabei erkennen die Chicory-Charaktere nicht, dass sie längst nicht mehr aus Liebe und Zuneigung handeln, sondern die Freiheit der anderen beschränken. Aus dieser Blindheit und falschen Überzeugung heraus nehmen sie die Meinungen ihrer Umgebung nicht wahr, auch nicht, dass sich ihre Liebsten durch die permanenten Übergriffe geschwächt und abhängig fühlen. Es ist nicht leicht, Chicory-Typen mitzuteilen, dass ihre Art der Liebe und Zuwendung manipulative Komponenten aufweist. Chicory-Charaktere fühlen sich in der Folge sofort angegriffen, nicht verstanden und wenig geachtet. In den Beziehungen entstehen dadurch wahre Tragödien: Der eine meint, er sei viel zu lieb, der andere scheint das nicht genug zu schätzen. Das ist ein klassisches Beispiel für ein Spiel zwischen Täter und Opfer. Ein Spiel, in dem weder Opfer noch Täter bemerken, dass es ihnen beiden an Liebe und Wertschätzung für sich selbst mangelt.

Im Alltag zeigen sich diese Rollen in Konflikten zwischen Eltern und Kindern, in Partnerschaften, wie auch in der Rivalität zwischen Arbeitskollegen. Es geht immer um einen, der zu viel gibt, und einen anderen, der es nicht genügend schätzt. Es ist ein Spiel mit Kontrolle und Abhängigkeit. Das tut beiden Seiten nicht gut und führt zu Missverständnissen sowie Beschuldigungen.

Wenn Chicory-Charaktere Grenzen überschreiten, indem sie ihren Mitmenschen gut gemeinte Ratschläge erteilen und Hilfestellungen bieten, die nicht angenommen werden, ist nicht nur Enttäuschung beim Chicory-Charakter die Folge, sondern auch Selbstmitleid – das Gegenteil dessen, was er eigentlich benötigt. Solange er das nicht erkennt, gibt er den Mitmenschen Schuld an seiner Misere. Ihre Angst davor, nicht angenommen und allein gelassen zu werden, verstärkt sich dadurch.

In diesem negativen emotionalen Zustand sind Beziehungen mit Chicory-Typen enorm belastend, da sie viel Aufmerksamkeit für sich einfordern. Sie verlangen ständig Beweise vom Partner, dass sie für ihn unersetzbar und lebenswichtig sind. Nur selten sind sie zufriedenzustellen. Ihre Bedürftigkeit nach Liebe und Anerkennung ist so groß wie ihre Suche nach Einmischung intensiv ist. Sie stellen die Anforderungen, in der Erwartung, dass sie erfüllt werden. Welche Enttäuschung, wenn das nicht funktioniert, weil der Partner seine Liebe anders ausdrückt.

Im positiven, ausgeglichenen emotionalen Zustand sind Chicory-Menschen aktiv, sprudeln vor Ideen und haben Freude daran, etwas Gutes für ihre Lieben und für die Umgebung zu tun. Sie schenken an den richtigen Stellen warme, fürsorgliche Liebe, erschaffen so eine herzliche Atmosphäre und fördern Zusammengehörigkeit. Sie akzeptieren die anderen so, wie sie sind, und lassen ihnen den nötigen Freiraum, sich zu zeigen und zu entfalten. Als Eltern sind sie zwar pflichtbewusst, aber nicht streng oder gar belastend durch eine Erwartungshaltung. Sie lieben ihre Kinder – genau so, wie sie sind – und pflegen gesunde Beziehungen mit ihren Familienmitgliedern (anstatt einer erzieherischen Haltung). Sie sehen ihre Kinder als Menschen, die sie begleiten, und nicht als Menschen, die in eine bestimmende Vorstellung hinein erzogen werden müssen.

Die Essenz Chicory hat sich als hilfreich erwiesen, Liebe aus einem neuen Bewusstseinszustand heraus zu verstehen und zu leben. Der materielle Wohlstand und viele neue Lebensmodelle ermöglichen es uns, mehr Individualität zu entfalten und den eigenen Weg zu gehen. Umso mehr sehnen wir uns tief im Inneren nach Liebe und Zugehörigkeit und suchen Menschen, mit denen wir diese Werte teilen können. Dieses Bedürfnis kann unter Umständen so stark in einem Menschen verankert sein, dass er selber nicht bemerkt, was er alles anstellt, um Anerkennung und Zuneigung zu bekommen und so seine Vorstellungen über die Liebe zu erfüllen.

Ein Medium Facebook füttert diese Vorstellung. Man kann sich dort mit Menschen „befreunden", mit denen man gar keine Beziehung pflegen muss, um den Zustand „Freunde" zu erreichen. Scheinbare Interessen erfüllen vermeintlich das Bedürfnis nach Anerkennung. Die Leere im Inneren treibt jene Menschen dazu, sich in Zuständen aufzuhalten, die unnötige Informationen produzieren. Es sind leere Informationen, die keine Beziehungen herstellen können. Unter Umständen sind Depressionen die Folge oder werden noch mehr genährt.

Die Essenz Chicory kann dabei helfen, aus der Leere wieder zu sich zu kommen und zu überdenken, was sie wirklich suchen, und welche Werte, welche Freundschaften für sie wichtig sind. Chicory wirkt dabei wie eine Art Spiegel, um zu erkennen, wo noch Erwartungshaltungen bestehen, die einer Selbstwertschätzung im Wege stehen.

BESONDERE MERKMALE:

Menschen, die Chicory benötigen, suchen oftmals so verzweifelt nach Anerkennung und Wertschätzung, dass sie unbewusst auch Krankheit anziehen, um Zuwendung zu erlangen. Es gibt viele Fälle, in denen lange bestehende Missverständnisse und Streitereien erst zu einem Ende kamen, als einer der Beteiligten krank wurde und dessen Leiden den Konflikt begrub, da sich fortan alles um den leidenden Menschen drehte.

Unbewusst fliehen Chicory-Typen in Krankheit, wenn sie angespannt und gestresst sind und von der Umgebung nicht das bekommen, was sie erwarten. Diese Enttäuschung, die sich nicht selten auch durch Probleme im Bereich Herz-Kreislauf manifestiert, wird in der Folge durch die Pflege kompensiert, die sie als kranke Menschen bekommen. Die Essenz Chicory hilft dabei, die innere Leere und das Selbstmitleid zu erkennen und zu verstehen sowie die Erwartungen in Dankbarkeit umzuwandeln. Bei anderen ihre Schwächen zu erkennen, ist leicht. Doch bei einem selbst mag man sich diese Seite kaum eingestehen. Chicory ermöglicht es jedem, die eigenen Erwartungen ans Leben und an die Mitmenschen zu reflektieren und sich der bedingungslosen Liebe zu öffnen.

Die Enttäuschungen in unserem Leben kommen nicht dadurch, dass die anderen unsere Vorstellungen nicht erfüllen, sondern weil wir sie nicht annehmen können, wie sie sind. Oft lieben wir in den anderen unsere Vorstellung, aber nicht wirklich den wahren Menschen. Wir sind enttäuscht von uns selbst und unserer getrübten Wahrnehmung! Die Essenz Chicory öffnet unser Herz für die wahre Liebe, die sich in Hingabe erfüllt und in ihr lebt.

Chicory ist zudem hilfreich in Situationen, in denen man eine große Enttäuschung erlebt hat, wie etwa einen persönlichen Verlust, und in denen man versucht, die Traurigkeit zu dämpfen, indem man einem „neuen Objekt“ seine volle Zuwendung schenkt. In dieser Zwischenphase hilft die Essenz Chicory dabei, aus der alten Abhängigkeit herauszufinden und das Neue auf Basis wirklicher Liebe und Dankbarkeit (anstatt durch Erwartungen) zu empfangen.

9 ❁ CLEMATIS – Weiße Waldrebe

Die Gegenwart trägt eine große Kraft in sich; sie schließt mit der Vergangenheit ab und ist noch nicht Zukunft. Solange man sich dem öffnet, was gegenwärtig geschieht, verspürt man eine Kraft in sich, die viel Potenzial mit sich bringt. Wer mit diesem (Zeit-) Raum umgehen kann, sich mit ihm verbindet, kann die Einheit des Lebens besser verstehen und annehmen.

Menschen, die sich im negativen Zustand der Essenz Clematis befinden, fehlt der Zugang zur Gegenwart. Das Hier und Jetzt ist für sie unerträglich, und sie entfliehen ihm, um Geschehnisse verdrängen zu können. Sie fliehen aufgrund der Probleme, die sie sehen. Clematis-Typen können die Probleme wegen ihrer negativen Sichtweise nicht ertragen oder gar annehmen. Der Grund für ihre Flucht kann auch woanders liegen, nämlich in ihren idealistischen Vorstellungen, die sie ins Zentrum ihres Lebens gerückt haben. Dort fühlen sie sich wohl und angenommen. Im alltäglichen Leben jedoch fehlt ihnen die Kraft, ihre Ideale und Träume zu verwirklichen. Die ganze Kraft dieser Clematis-Charaktere liegt in ihrer Phantasie. Ihre Wahrnehmung für das Dasein ist verschoben. Statt aktiv zu sein, etwas zu bewirken und im eigenen Leben umzusetzen, bringen sie immer neue und neue mentale Konstrukte hervor, bis hin zu Hirngespinsten. Die Welt der Träume ist für sie schöner, dort fühlen sie sich wohl und verstanden, in der Realität ist das Gegenteil der Fall.

Diese Menschen wirken oftmals geistesabwesend. Man könnte den Eindruck gewinnen, sie würden schweben und keineswegs mit beiden Beinen im Leben stehen. So entstehen ihre alltäglichen Probleme, die durch Passivität und Konzentrationsmangel zu Unzufriedenheit, Enttäuschung und Benommenheit führen können.

Diese Menschen legen sehr großen Wert auf die Zukunft – in der Hoffnung, dort endlich ihre Träume und Ideale umsetzen zu können. Ihnen ist nicht bewusst, dass die Zukunft mit dem Jetzt verbunden ist. So blockieren sie ihre Energie, und es ist schwierig, ihnen das bewusst zu machen. Sobald sie spüren, dass der Alltag begrenzend wirkt und sie die Probleme nicht lösen können, verschließen sie sich und lassen Ideen unberührt. Das betrifft sowohl Kinder als auch Erwachsene.

Unkonzentrierte Kinder, denen der Schulstoff nur so um die Ohren fliegt, da sie sich lieber mit anderen Dingen beschäftigen, benötigen Clematis. Wenn ein Partner Probleme in der Beziehung verdrängt, indem er zum Workaholic wird, lindert Clematis die Sucht und unterstützt die Reflexion der wirklichen Probleme, um Ausgeglichenheit ins eigene Leben zu bringen.

Im digitalen Zeitalter widmen mehr Menschen denn je ihre wertvolle Zeit Computerspielen oder suchen Unterhaltung in den Sozialen Medien. Das ist ein Fluchtreflex, der den Clematis-Typus von der Realität ablenken soll. Das wirkliche Dasein jedoch liegt woanders – dorthin führt Clematis, indem sie einem dabei hilft, seinen Selbstwert zu erkennen. Man lässt nicht länger zu, dass fremde Halbwahrheiten die eigene Realität überschatten.

Hilfreich hat sich die Essenz Clematis bei jenen Menschen erwiesen, die zu stark an Wünsche und Projektionen gebunden waren. Sie denken nicht länger daran, was sie hätten erreichen können, wenn … . Clematis vermag es, einen realistischen Blickpunkt einzunehmen, anstatt blindlings einer idealistischen Vorstellung zu folgen.

Im positiven Zustand sind Clematis-Charaktere verantwortungsvoll und sprudeln vor kreativen Ideen, die sie auch gerne umsetzen. Sie fühlen sich ausgeglichen; ihre Ideen, Emotionen und Handlungen ergänzen sich. So entstehen wunderbare und erfüllende Projekte. Ihre Träume sind ihre Ziele, und die Clematis-Charaktere sind bereit, sie zu erfüllen.

In der therapeutischen Praxis hat sich Clematis als Ergänzungsmittel bei autistischen Menschen bewährt. Die Essenz verbindet Körper, Geist und Seele im Hier und Jetzt und holt das Bewusstsein aus einer Fantasie- oder Parallel-Welt zurück in die Realität.

BESONDERE MERKMALE:

Die Essenz Clematis wirkt auf unser Bewusstsein, da sie eine Brücke baut – zwischen unseren eigenen Ideen und Vorstellungen sowie den Herausforderungen des Alltags. Sie unterstützt den Menschen dabei, sein Bewusstsein für das Hier und Jetzt zu öffnen, ohne dieses zu beurteilen oder bewerten zu müssen. Meistens fliehen die Menschen aus der Realität, wenn sie diese nicht verstehen oder annehmen möchten, da sie entweder zu schwer oder zu unbedeutend erscheint. Es ist eine subjektive Wahrnehmung, die nur ein Bruchteil des Gesamten ist. Die negative Gemütslage sieht nur den kleinen Teil, der Probleme bereitet, nicht jedoch den eigentlichen Sinn des Ganzen. Clematis hilft dabei, das Bewusstsein zu öffnen und die persönliche Situation und den eigenen aktuellen Zustand so anzunehmen, wie sie sind. Dieses Verbunden-Sein mit dem, was ist, schenkt Kraft und setzt den Heilungsprozess in Gang.

Die Essenz Clematis ist Teil der Notfall-Essenz, da sie das Bewusstsein in Stress-Situationen und unter Anspannung neu belebt. Sogar bei körperlichen Zusammenbrüchen, wie etwa Ohnmacht, Bewusstlosigkeit oder Koma, kann Clematis die Betroffenen wieder mit der eigenen feinstofflichen Lebensenergie verbinden.

10 ❁ CRAB APPLE – Holzapfel

In vielen Kulturen symbolisiert der Apfel Reinheit und Gesundheit. Menschen, die diese Essenz benötigen, haben einen starken Bezug zur Ordnung. Im negativen Zustand legen sie sehr viel Wert auf materielle Ordnung, weil sie sich innerlich nicht annehmen können. Es fällt ihnen äußerst schwer, sich in ihrem Seinszustand zu akzeptieren. Daher mündet das Ungleichgewicht zwischen innen und außen in eine übertriebene Ordnungshaltung auf materieller Ebene. Schmutz, Unordnung und Chaos wirken folglich belastend.

Detailversessenheit, Pingeligkeit und Penetranz sind Merkmale des Crab Apple-Charakters. Oftmals müssen seine Böden so sauber sein, dass diese im Grunde gar nicht mehr betreten werden dürften. Der Crab Apple-Typ putzt so lange, bis der Raum steril wirkt. Diese Sterilität strahlt auch er selbst aus – als vermeintlichen Schutz gegen eine „verdorbene Welt“ zur Bewahrung hoher moralischer Ansprüche.

Es ist nicht verwunderlich, dass diese Menschen oft Schwierigkeiten haben, andere zu berühren oder jemandem die Hand zu schütteln. Der Austausch von Küssen könnte den Crab Apple-Charakteren einem Horrorszenario gleichkommen. Der Anblick von Blut wirkt auf sie erschütternd. Kleine Kinder empfinden sie als zu verdreckt, gar ekelhaft. Es ist nicht selten, dass diese Menschen Probleme haben, ihre sexuelle Energie zu leben. Erstens kommt ihnen Sex unmoralisch vor, zweitens empfinden sie die Berührung eines anderen Körpers als unangenehm.

Ihre ausgeprägte Sehnsucht nach Sauberkeit und Reinheit macht es schwierig, offen und mit Leichtigkeit den Alltag zu leben. Sie haben Angst davor, in der – natürlicherweise nicht sterilen Umgebung – zu erkranken. Bakterien und Keime wirken bedrohlich, gesunde Bakterien kommen in ihrer Wahrnehmung nicht vor.

Oftmals leiden Crab Apple-Typen unter Allergien, welche sie als Angriff von außen betrachten. Sie nehmen nicht wahr, dass es allein ihre eigenen Gedanken sind, die Unverträglichkeiten und Allergien hervorrufen. Überempfindlichkeit und Intoleranz hängen unmittelbar zusammen und haben ihren Ursprung im eigenen Denken, niemals in der Umgebung. Gegebenheiten in der Umgebung können Intoleranz als mentale Einstellung triggern, doch der eigentliche Ursprung dieser Krankheit liegt in den eigenen Denkmustern.

Der Crab Apple-Charaktertyp hat im negativen emotionalen Zustand Schwierigkeiten, sich selbst zu akzeptieren. Das äußert sich in einem distanzierten Bezug zum eigenen Körper; körperliche Veränderungen können regelrechte Schwierigkeiten bereiten. Physische Probleme sind während der Pubertät besonders ausgeprägt. Diese Zeit ist mit massiven Veränderungen gekennzeichnet, und viele Jugendliche können diese nur schwer akzeptieren. Das Wachstum von Brüsten bei Mädchen und der Schambehaarung bei allen Geschlechtern können dazu führen, dass Pubertierende sich plötzlich anders wahrnehmen und mit ihrer Selbstakzeptanz konfrontiert sind. Auch im höheren Alter können körperliche Veränderungen Menschen dazu bringen, mit sich zu hadern. Eventuell haben sie den Eindruck, ein verändertes Aussehen lasse sie nicht mehr attraktiv wirken. Energieverlust verstärkt dieses Denken womöglich. Bei diesen physischen Vorgängen sowie bei allgemeinen hormonellen Umstellungen kann Crab Apple positive Auswirkungen auf die Selbstakzeptanz haben.

Auch bei Missbrauchserfahrungen leidet die Selbstakzeptanz. Mit Schuldgefühlen kratzt der Betroffene zusätzlich am eigenen desolaten Zustand und verstärkt das Leiden. Auch hier hat sich Crab Apple als sehr hilfreich bei der Heilung erwiesen – vor allem in der Mischung mit anderen Essenzen, wie etwa Star of Bethlehem, Walnut und Holly. Bei jeder Art von Missbrauch – mental, psychisch oder physisch – stärkt Crab Apple den eigenen Bezug zu Würde und Freiheit. Crab Apple hilft dem Betroffenen, wieder einen Bezug zu sich selbst zu finden, seine Schamgefühle zu verstehen und zu überwinden sowie Selbstvertrauen aufzubauen.

Die Palette der Anwendungsmöglichkeiten bei Crab Apple ist groß. In jedem dieser vielen Fälle hilft die Essenz dabei, das Leben in seiner ganzen Brandbreite zu akzeptieren und sich nicht durch eigene negative Vorstellungen über sich selbst zu beschränken. Durch die Akzeptanz dessen, was ist, stellt man sich nicht gegen den Fluss des Lebens – und damit letztlich nicht gegen sich selbst. Es besteht nicht länger die Notwendigkeit, bestimmte moralische Vorstellungen als Schutz gegen die Realität zu pflegen, sondern man lebt das Leben in seiner wahren Vollkommenheit im Hier und Jetzt. Man ist nicht mehr Sklave seiner eigenen Vorstellungen, sondern aktives Mitglied der eigenen Realität.

BESONDERE MERKMALE:

Die Essenz Crab Apple ist bei vielen Anwendern bekannt und wird häufig während Genesungsprozessen angewendet. Nach der Einnahme von Medikamenten bringt diese Essenz die Lebensenergie ins Gleichgewicht. Auch bei Fastenkuren oder Diäten wirken die Qualitäten von Crab Apple unterstützend. Empfehlenswert ist die Essenz auch bei Schnupfen und grippalen Infekten, denn sie unterstützt das Immunsystem dabei, die Entzündung im Körper zu überwinden. Bei Vergiftungen wirkt Crab Apple reinigend. Auch Unreinheiten der Haut lassen sich durch diese Essenz mildern. Deswegen ist Crab Apple ein Teil der Notfall-Salbe. Diese Salbe hilft bei Hautirritationen, wirkt ausgleichend, zieht schnell ein, pflegt und beruhigt trockene und sensible Haut.

Crab Apple kann auch als Raum-Spray verwendet werden. Nach einer Auseinandersetzung oder einer therapeutischen Behandlung können ein paar Tropfen der Essenz mithilfe einer Spray-Flasche (30–50 ml) zur Reinigung der Raum-Atmosphäre verteilt werden.

11 ❁ ELM – Ulme

„Mir ist alles zu viel, ich bin mit meinen Kräften am Ende!" Das sind charakteristische Worte eines Menschen, der sich im negativen Zustand der Essenz Elm befindet. Ganz gleich, wie aktiv und fleißig man zuvor war, ab einem bestimmten, scheinbar plötzlich eintretenden Zeitpunkt hat der Elm-Charakter den Eindruck, keine Energie mehr zu haben. Plötzlich sieht er sich nicht mehr in der Lage, Pflichten zu meistern oder Herausforderungen anzugehen, weil ihm die Kräfte dazu fehlen.

Die Elm-Charaktere werden zunehmen, denn die vielen Reize durch Medien sowie das oftmals erwartete hohe Arbeitspensum hat - natürlicherweise - einen Burnout zur Folge. Eine emotionale Blockade bringt Aktivitäten zum Stillstand und legt Fähigkeiten lahm. Völlige Erschöpfung und Müdigkeit sind Symptome unserer Zeit. Ein depressives Gemüt ist typisch für den Elm-Charakter. Er sieht sich nicht mehr in der Lage, seine Aufgaben zu bewältigen. Das, was vor ein paar Tagen kein Thema war, scheint plötzlich ein großes Problem zu sein. Versagensängste und eine zu hohe Last der Verantwortung quälen ihn.

Dieser negative emotionale Zustand kann sowohl Erwachsene als auch schulpflichtige Kinder betreffen. Kinder fühlen sich durch die verschiedenen Anforderungen des Schulsystems oft überfordert, da das System nicht die individuellen Interessen berücksichtigt, sondern langweilige Aufgaben und viele Prüfungen stellt. Begeisterung und Neugier werden oftmals nicht geweckt. Dadurch geraten die Schüler in eine Schlaufe von Automatismen. Das kann zur Folge haben, dass sich der Elm-Charakter überlastet fühlt und gar an den eigenen Fähigkeiten zweifelt. Der Verlust von Selbstvertrauen ist oftmals eng damit verbunden. Elm hilft dabei, die Situation positiv zu verändern. Auch wenn Schüler sich überfordert fühlen, gereizt sind und keine Lust zum Lernen haben, hilft die Einnahme von Elm, um eine positive Kraft zu stärken.

Elm ist ideal beim Burnout-Syndrom – einer Zivilisationskrankheit vieler westlicher Länder. Menschen, welche an diesem Erschöpfungssyndrom leiden, beschreiben ihren eigenen Zustand als totalen Zusammenbruch, in welchem sie eine große Leere und innere Unsicherheit fühlen. Sie scheinen ausweglos depressiv zu sein.

Die Essenz Elm ist hilfreich für alle Menschen, die mit den alltäglichen Aufgaben überfordert sind und keine Kraft mehr empfinden, um weiterzumachen. Es zeigt sich plötzlich ein Mangel an Energie, da durch Pflichtbewusstsein und Verantwortungsgefühl die eigene Grenze überschritten wurde. Dieser Zustand kann wiederum Nervosität beziehungsweise eine mehr oder weniger starke Depression verursachen. Die Elm-Charaktere haben das Gefühl, durch ihren Stillstand eine Belastung für die Umgebung zu sein. Es scheint ihnen unvorstellbar, dass eine Hilfestellung von außen wirksam sein könnte. Die Essenz Elm wirkt schnell und ist effektiv. Der Betroffene gewinnt Energie zurück und lernt, anders mit den eigenen Kräften und Ressourcen umzugehen. Er ist in der Lage, seine Zeit besser einzuteilen, nicht immer nur die Pflichten in den Vordergrund zu stellen, sondern sich auch Zeit zum Entspannen und Ausruhen einzuräumen.

Gerade in Zeiten starker Reize ist es wichtig, Prioritäten zu setzen und die Stabilität der Gesundheit im Blick zu behalten. Zeit für innere Ruhe und Stille, Zeit zum Entspannen sollte immer miteinbezogen werden. Das innere Glück besteht nicht darin, dass wir alle Aufgaben mit vollem Einsatz schnell erledigen, sondern darin, unsere inneren Kräfte, unsere Lebensenergie gut einteilen zu können. Es ist eine Abwechslung von Aktivität und Entspannung.

Jeder Mensch hat einen eigenen Bio-Rhythmus, und wenn man auf Körper und Seele achtsam lauscht, findet man Zugang zu jenen Aktivitäten, die einem guttun und die Gesundheit unterstützen. Die Essenz Elm hilft, die inneren Kräfte im Gleichgewicht zu halten und nicht nur Verantwortung für seine Taten zu übernehmen, sondern auch für seine Gesundheit.

BESONDERE MERKMALE:

Kurzfristige Überforderung oder Gefühle von Unsicherheit können für Menschen vor einem öffentlichen Auftritt oder einem Bewerbungsgespräch sehr belastend sein. Es handelt sich in diesen Fällen häufig nicht einmal direkt um die Angst aufzutreten, sondern sie spüren die Last der Verantwortung, sich bei einem Auftritt so gut wie möglich zu präsentieren. Elm stärkt die Selbstsicherheit und innere Stabilität, um die Aufgabe so gut wie möglich zu bewältigen.

Schulkinder und Studenten können sich vor Prüfungen oder Klassenarbeiten überfordert fühlen, oftmals sogar begleitet von einem Gefühl der Leere, trotz fleißigen Lernens. Das kann zu einem Blackout führen. In dieser Situation ist die Einnahme der Essenz Elm sehr hilfreich. Bei Möglichkeit kann die Essenz, verdünnt in eine Wasserflasche getropft, auch während der Prüfung eingenommen werden.

Kurzfristig und alltäglich kann jeder Mensch an kleinen Schüben von Überforderung leiden, wenn der Tag zu viele Herausforderungen mit sich bringt und man denkt, die Orientierung verloren zu haben. Hier hilft die Einnahme der Essenz Elm, um Prioritàten zu setzen und Schritt für Schritt alle Aufgaben zu erledigen – mit der Gewissheit, dass nach dem anstrengenden Tag Entspannung und Ruhe einkehren darf. Statt sich überlastet zu fühlen, gewinnt man eine gewisse Gelassenheit und kann die eigenen Kräfte besser einteilen. Man meistert alles ohne große Mühe und Energieverschwendung.

12 ❁ GENTIAN – Herbstenzian

Die Essenz Gentian ist ein Heilmittel für alle Arten von Enttäuschungen und Niedergeschlagenheit. In unserer schnelllebigen Zeit gibt es viele Möglichkeiten, Enttäuschungen zu erfahren. Der Alltag fordert Offenheit, Flexibilität und Vertrauen. Enttäuschte Menschen können davon nur wenig wahrnehmen. Sie betrachten das Leben aus pessimistischer Sicht. Auch wenn sie sich ständig Mühe geben, das Leben anders zu gestalten, fühlen sie sich unglücklich, unzufrieden und leer.

Menschen, die sich im negativen emotionalen Zustand der Essenz Gentian befinden, sind durch Unsicherheit und Selbstzweifel geplagt. Trotz umfänglichen Krafteinsatzes scheitern sie. Das Ergebnis entspricht nicht der Mühe und der Begeisterung, mit der sie an die Sache herangegangen sind. Sie fühlen sich entmutigt, zweifeln an den eigenen Fähigkeiten, hadern mit dem Schicksal und sind enttäuscht, dass sie trotz Mühe und Gutwilligkeit keinen Erfolg erlebt haben. Wenn sich ähnliche Situationen in ihrem Leben wiederholen, verlieren diese Menschen das Vertrauen in die eigenen Kräfte und ins Leben als solches. Sie nehmen allein tiefe Enttäuschung wahr und tragen diese weiterhin in sich, auch wenn die Situation längst eine andere ist. Statt Optimismus und Freude werden sie von tiefsitzendem Misstrauen begleitet. Kein Wunder, dass sich der Misserfolg in der Folge wiederholt: Gleiches zieht Gleiches an – ein bekanntes Lebensgesetz, das auch für diesen emotionalen Zustand gilt.

Wenn diese verzweifelten Menschen wirklich krank sind, zweifeln sie auch an den eigenen Heilungskräften und hemmen dadurch den eigenen Genesungsprozess. Trotz ihres Misstrauens werden sie neue Therapien versuchen, anstatt eine Therapie mit Vertrauen in die Selbstheilungskräfte zum Erfolg zu führen. Ihre Lebenskraft ist innerlich entgleist – auf der einen Seite tragen diese Menschen die Enttäuschung aus vergangenen Erfahrungen mit sich und sind am Rande des Glaubens angekommen, auf der anderen Seite legen sie alle ihre Hoffnungen in neue Therapien.

Enttäuschung entsteht aus einer Fehleinschätzung, aus einer irrealen Erwartungshaltung oder aus einer Illusion. Meistens zeugt sie von mangelndem Selbstvertrauen und Selbsterkenntnis. Wer eine Situation realistisch neu einschätzt, kann die Enttäuschung überwinden. Das Reale hat mehr Kraft als eine Illusion. Vergräbt man sich in Skepsis, weil die Enttäuschung alle geistigen Kräfte blockiert, benötigt man Zeit und Hilfe, um wieder zu innerer Klarheit zu finden und den eigenen Platz im Leben einzunehmen.

Die Essenz Gentian schenkt in einer solchen Situation Glaube und Vertrauen in die eigenen Kräfte und Fähigkeiten. Man erkennt, dass im Leben nichts ohne Sinn ist und auch Misserfolge eine Weisheit in sich tragen, die man natürlicherweise nicht immer sofort erkennen kann – erst nachdem man sie reflektiert hat. Durch die Einnahme dieser Essenz ist man in der Lage, diese Zusammenhänge für sein eigenes Leben zu entschlüsseln. Aus der Skepsis heraus findet man Freude und begegnet achtsam den positiven Seiten des Lebens. Jeder macht diesen Prozess im eigenen Tempo, so können sich Erkenntnisse natürlich entfalten, die zu Freude, Hoffnung und Vertrauen auf eine höhere Ordnung führen.

BESONDERE MERKMALE:

Die verschiedensten Möglichkeiten, die wir heute haben, um das Leben auf unsere Bedürfnisse abzustimmen, bringen auch eine gewisse Unsicherheit mit sich, das Leben auf falsche Art zu leben. Viele Menschen befinden sich in einem Zwiespalt: Auf der einen Seite freuen sie sich über neue Möglichkeiten, auf der anderen Seite fühlen sie sich überfordert und unsicher, ob sich ihre Bedürfnisse und Vorstellungen erfüllen können. Oftmals genügt es schon, Vergleiche anzustellen – und am natürlichen Selbstvertrauen wird gerüttelt. Durch digitale Informationen vergleicht man noch viel mehr. Oberflächliche und manipulative Informationen überschatten das innere Empfinden, und man läuft Gefahr, sich selbst zu verlieren, weil man anderen Meinungen folgt. Selbstdiagnosen mithilfe von Google sind oftmals das „Tüpfelchen auf dem i" und machen die Verwirrung komplett. Zweifel, Skepsis oder Misserfolg sind womöglich die Folge. Gentian wirkt in solchen Situationen der Niedergeschlagenheit als „Mutmacher". Die Essenz stärkt den Glauben an die innere Ordnung und die Sinnhaftigkeit des Lebens und hilft, auf dem eigenen Weg zu bleiben. Sie unterstützt alle Menschen auf ihrem Weg zum Erfolg, weil sie die eigene Kraft und Fähigkeiten stärkt.

Zusammen mit der Essenz Walnut hilft Gentian, mit Optimismus und Mut die Herausforderungen des Alltags aus den inneren Überzeugungen heraus zu meistern, eigene Ziele zu verfolgen und sich nicht Mode-Trends, fremden Ideen oder Ideologien zu unterwerfen, in der falschen Hoffnung, dass in der äußeren Welt mehr Wahrheit liegt als in der Tiefe des eigenen Herzens.

13 ❁ GORSE – Stechginster

„Die Hoffnung stirbt zuletzt!" Eine positive Aussage, die man gebraucht, um einen Raum zu schaffen, in dem sich das Gute manifestieren kann. Für Menschen im negativen emotionalen Zustand von Gorse ist dieser Satz bedeutungslos. Sie empfinden ihre Situation als trostlos und ohne Perspektive. Erhellende oder ermutigende Ideen scheinen diese Menschen zu meiden. Sie sind vollkommen blockiert und wissen nicht weiter. Neues existiert in ihrer Wahrnehmung nicht.

Meistens treten diese Empfindungen nach einer langen, schwierigen Phase auf, in der man sich Mühe gegeben und trotzdem kein positives Ergebnis erreicht hat. Stattdessen hat sich der Zustand womöglich noch verschlimmert. Irgendwann gehen dem Gorse-Charakter alle Kräfte aus, und damit stirbt auch die Hoffnung auf Besserung der Lage. Man fühlt sich blockiert und steht an einem Punkt, an dem es an Kraft und Überzeugung fehlt, etwas erneut in Bewegung zu setzen. Durch lang andauernde Schwierigkeiten in den Bereichen Gesundheit, Arbeit, Partnerschaft oder Karriere nimmt man nach einer gewissen Zeit oftmals nur noch die Stagnation wahr, durch die man womöglich Interesse und Begeisterung verliert.

Besonders spürbar ist dieser Zustand bei Menschen, die langfristig krank sind. Sie haben alle Hoffnung verloren und verfolgen die Therapien nur deswegen weiter, weil es ihnen empfohlen wurde oder aus Pflichtgefühl. Sie haben die Eigenverantwortung längst an ihre Umgebung abgegeben, empfinden keinen Willen und keine Kraft mehr, wieder gesund zu werden oder sich überhaupt irgendwie um eine Verbesserung der Situation zu bemühen.

Dr. Edward Bach schrieb über diese Essenz: „Tiefe Hoffnungslosigkeit; diese Menschen haben den Glauben aufgegeben, dass ihnen noch geholfen werden kann. Auf Zureden und um anderen einen Gefallen zu tun, probieren sie vielleicht verschiedene Behandlungsformen aus, versichern aber dabei ihrer Umgebung, dass die Hoffnung auf Linderung nur ganz gering sei."

Viele Menschen mit chronischen Krankheiten sowie deren Pfleger treffen an einem gewissen Punkt auf Hoffnungslosigkeit. Beide finden keinen Ausweg aus der schwierigen Lage: Der Kranke, weil er ihn nicht sieht, und der Pflegende, weil alle Bemühungen durch die Negativität des Kranken blockiert werden. So drehen sich beide im Kreis der Hoffnungslosigkeit.

Die Essenz Gorse schenkt Optimismus und Hoffnung. Die Hoffnung weckt die Kräfte des Betroffenen und bringt ihn zurück in seine ursprüngliche Lage, in der er Verantwortung für seinen Zustand empfindet. Der Mensch gewinnt einen neuen Blick auf seine aktuelle Situation, und auch wenn er keine passende Lösung finden kann, erkennt er der Sinn seiner Lage. Dieses Erkennen bringt seine blockierte Lebensenergie wieder in Fluss. Sein Blickwinkel auf die Zukunft wird weiter.

Dr. Bach hat die Essenz Gorse poetisch beschrieben: Als die Sonne für unser Leben. Genauso hilfreich ist diese Essenz in hoffnungslosen Situationen, in denen alles zu stagnieren scheint. Auch bei langjährigen Beziehungsschwierigkeiten kann diese Essenz zu einer Lösung führen. Nicht die Herstellung von Harmonie ist das Ziel, sondern das Erspüren der eigenen Kraft, um schließlich die Verantwortung für sich und seine Handlungen zu übernehmen – ganz gleich wie die Situation ausgeht.

BESONDERE MERKMALE:

Wenn man heute die weltweiten Nachrichten verfolgt, empfindet man recht schnell die kollektive Hoffnungslosigkeit und erlangt eine weniger positive Zukunftsperspektive. Mit einem Teil unseres Daseins sind wir alle mit diesem kollektiven Energiefeld verbunden, und es kann sich auch in unserem alltäglichen Leben spürbar machen. Aus vielen Kanälen fließen laute, negative Nachrichten. Man könnte den Eindruck gewinnen, dass die Welt nur aus Schattenseiten besteht und die Handlungen vieler Menschen allein durch negative Emotionen geprägt sind. Kommt man oft mit solchen Einflüssen in Kontakt und bemerkt einen negativen Einfluss auf die eigenen Gedanken, empfiehlt es sich, kurzfristig (1–3 Tage) die Essenz Gorse anzuwenden. Meistens bemerkt man diesen negativen Einfluss, weil Gedanken und Handlungen nicht mehr selbstständig sind und man nicht mehr unabhängig die eigenen Ziele und Ideale verfolgt. Vielmehr ist man geplagt durch Neid oder andere negative Emotionen, die durch Vergleiche heraufbeschworen werden. Gorse bringt Sonnenstrahlen in düstere Gedanken. Auch im winterlichen Dunkel, wenn die Sonne kaum spürbare Wärme bringt, kann Gorse das Gemüt erwärmen.

Diese Essenz erneuert die Lebensenergie und damit auch die Selbstheilungskräfte. Sie schenkt die Hoffnung, dass unser Dasein und jede Situation ihren Sinn hat, auch wenn man ihn nicht sofort erkennen kann.

14 ❁ **HEATHER** – Schottisches Heidekraut

Das unstillbare Bedürfnis nach Gesellschaft und Austausch ist ein typisches Zeichen für Menschen, die sich im negativen emotionalen Zustand der Essenz Heather befinden. Ihnen geht es nicht darum, sich wirklich auszutauschen, sondern in erster Linie darum, über sich zu sprechen. Oftmals wirkt ihre Anwesenheit wie ein Energievampir. In ihrem wahren Kern sind es unterhaltsame, empfindsame Menschen. Fühlen sie sich einsam, dann suchen sie überall nach Möglichkeiten, mit anderen ins Gespräch zu kommen – egal, ob der andere es will oder nicht. Sie sind wie getrieben vom Bedürfnis nach Gesellschaft und Nähe und bemerken nicht, wie anstrengend sie für andere sind. Versucht jemand, ihren Annäherungsversuchen zu entkommen, versucht der Heather-Charakter es erneut auf einem anderen Weg. Bittet man den Heather-Typ zu gehen, wird er zur Türe hinausgehen und zum Fenster wieder hereinkommen. Seine Grenzüberschreitungen und Aufdringlichkeit bemerkt er nicht. Heather-Charaktere reden schnell, beschreiben alles ausführlich und bewerten jedes Geschehen nach den eigenen Maßstäben. Konversation ist mit ihnen sehr schwierig. Sie stellen sich nach egozentrischer Manier in den Mittelpunkt jeder Unterhaltung. Die eigenen Probleme öffentlich zu besprechen, ist maßgebend für ihren Zustand.

Eine Klientin war in einem Gerichtsprozess, in dem es um das Erbe des Hauses ihres verstorbenen Bruders ging. Dabei hat ihr die Unterstützung ihrer Tochter gefehlt. Für einen Heather-Charakter ist es typisch, sich über diesen empfundenen Mangelzustand, der aus einer Erwartungshaltung resultiert, zu beschweren. Die Klientin hatte schon viele Rechtsanwaltstermine, Gespräche mit der Familie und im Notariat absolviert. Obwohl sie sehr genervt und müde war, kämpfte sie weiter. Sie war sich sicher, ein Anrecht auf das ehemalige Elternhaus zu haben, in dem ihr Bruder gestorben war. Zentrum ihrer Erzählung waren permanente Beschwerden über ihre Tochter: Es mangelte ihr an Zuneigung, an Interesse bezüglich ihrer Lebenssituation, nämlich des Kampfes um das Erbe, welches ihr zustehe, so sagte sie, weil sie sich um ihren Bruder bis zu seinem Tod gekümmert habe. Letztendlich kürzte auch der Rechtsanwalt ihre Gesprächstermine, und seine Sekretärin wollte ihr keine weiteren telefonischen Auskünfte mehr geben. Sie hat sich mit der ganzen Situation alleine gefühlt, und ihre Tochter, die selber eine Familie mit zwei kleinen Kindern hat, zeigte kaum Willen, ihr zuzuhören. Die Klientin redete unentwegt und schilderte ausführlich ihre Lage. Es war fast unmöglich, sie zu stoppen. Erst nach dieser kurzen Frage war sie plötzlich still und nachdenklich: „Warum meinen sie, ist es so, wie sie es gerade schildern?“

Wenn sich ein Heather-Charaktertyp im negativen Zustand befindet, ist es sehr schwierig, ein therapeutisches Gespräch mit ihm zu führen, denn er lässt die Meinungen der anderen nicht zu und unterbricht das Gegenüber ständig. Er hört nicht zu, was der andere mitzuteilen hat, er nimmt nur die eigenen Bedürfnisse wahr, und diese bestehen darin, detailreich zu erzählen und sich zu beklagen. In ihm wohnt ein starkes Bedürfnis nach Nähe und Zugehörigkeit. Bleibt das unerkannt, macht es aus ihm einen anstrengenden Gesprächspartner. Es benötigt viel Diplomatie, diesen Energieräuber zu stoppen. Ihm zu zeigen, dass die Welt nicht aus seinen Problemen besteht und ein Miteinander Zuhören und Zulassen bedeutet, ist fast schon ein Kunstgriff.

Im positiven Zustand liegt die große Stärke des Heather-Typen im Zuhören. Im negativen emotionalen Zustand hingegen, geprägt durch Einsamkeit, mangelnde Nähe und Zuwendung, ist er kaum in der Lage, jemandem zuzuhören oder Achtsamkeit zu schenken. Diesen Ausgleich leistet die Essenz Heather. Dank dieser Essenz können Heather-Charaktere rasant vom Egozentriker zum Zuhörer werden.

Die Essenz Heather hilft jedem, der aus einer beklemmenden Situation herauskommen möchte, um seinen Mitmenschen wahrhaftig zu begegnen, anstatt nur oberflächlich mit ihnen zu plaudern. Diese Bemühungen könnten anfänglich anstrengend sein, da der Betroffene seinen Egoismus zunächst nicht wahrnehmen kann. Sein negativer Zustand kommt ihm normal vor. Er ist überzeugt davon, das Recht zu haben, andere ausführlich über das eigene Leiden zu informieren. Er sucht Zuwendung und Geborgenheit anstatt Lösungen und Inspiration. Er denkt, andere würden ihn inspirieren, wenn er so ausführlich wie möglich von sich berichtet. Er sucht dabei Gesellschaft, in der er seine Einsamkeit nicht mehr spüren muss.

Im positiven Zustand sind diese Charaktertypen inspirierende Gesprächspartner – genau das, was sie im negativen Zustand im

Äußeren suchen. Sie sind offen, spontan und begegnen ihrer Umgebung mit Achtsamkeit. Die Heather-Typen sind im positiven Zustand hervorragende Redner, deren tiefsinnige Geschichten begeistern. Sie können schnell Zusammenhänge erfassen. Der Austausch mit ihnen ist ein Gewinn für ihre Mitmenschen.

BESONDERE MERKMALE:

Das Thema Einsamkeit gewinnt innerhalb der technisch hochentwickelten Gesellschaft an Komplexität, über die nur wenig gesprochen wird. Trotz vieler Kommunikationsmöglichkeiten fühlen sich immer mehr Menschen einsam. Es ist ein Paradoxon der gegenwärtigen technisch entwickelten Gesellschaft. Dabei geht es nicht um Mangel an Kommunikation, sondern um Mangel an Nähe und Achtsamkeit. Die bedürftigen Menschen suchen unentwegt nach Möglichkeiten, um diese Nähe zu erfahren. Oftmals sind ihnen viele Mittel recht. Gesundheitsforen, in denen öffentlich einsehbar die eigene Gesundheit diskutiert wird, sind nur eines davon. Diese Mittel wirken übertrieben und folgen alle einer Absicht: Die Aufmerksamkeit auf sich zu lenken.

Hypochondrie ist ein Begriff in der Psychologie – viele Menschen, die unter Einsamkeit leiden, neigen dazu, Wehwehchen überzuinterpretieren und als ernsthafte Krankheitssymptome wahrzunehmen. Sie suchen krampfhaft nach Hilfe und machen in Gesprächen detailreich jedes Symptom größer, als es wirklich ist. Sie wollen kaum akzeptieren, dass sie selbst verantwortlich für ihre Gesundheit sind. Sie sind davon überzeugt, die Umgebung trage die Verantwortung für ihre Einsamkeit. Sie fühlen sich nicht angenommen und verstehen nicht die Gründe. Die Essenz Heather kann in solchen Situationen großartige Arbeit leisten. Sie hilft dem Hypochonder, eine neue Perspektive zu finden. Sein übertriebener Fokus auf sich selbst wird verändert, und die Essenz hilft, die

Wahrnehmung für die Realität zu öffnen. Der Mensch findet heraus aus der Selbstbezogenheit hin zu Respekt und Akzeptanz. Seine Selbstheilungskräfte werden dadurch neu ausgerichtet: Auf die Heilung der Seele, auf inneres Gleichgewicht und innere Stabilität.

15 ❁ **HOLLY** – Stechpalme

Alle Welt spricht – oftmals nur beiläufig – von bedingungsloser Liebe. Wenn man diesen Begriff in Ruhe reflektiert: Was stellen wir uns gegenwärtig unter wahrer Liebe vor? Die Antworten werden verschieden ausfallen, da es so viele Vorstellungen von der Liebe gibt, wie es Menschen gibt. Liebe – genauso wie Gesundheit – ist ein Zustand. Liebe ist weder Gefühl noch Wahrnehmung, sie ist ein Zustand des Seins. Sie lebendig, harmonisch und kreativ zu halten, ist ein innerer Prozess, gekennzeichnet durch Verwandlung, Demut und Erkenntnis.

Menschen, die sich im negativen emotionalen Zustand der Essenz Holly befinden, leiden unter Neid, Eifersucht, Wut oder Aggressivität. Es sind sehr starke Emotionen, Zeichen für mangelnde Liebe in einem selbst. Diese Menschen haben den unstillbaren Wunsch danach, zu lieben und geliebt zu werden. Doch sie verhindern das durch ihr Gefühl, nicht angenommen und respektiert zu werden, sie empfinden Leere und Unzufriedenheit, die sich mit der Zeit womöglich durch Wut und Zorn äußert. Wut darüber, dass man nicht erreichen kann, was man sich wünscht, und Zorn auf äußere widrige Umstände. Wut ist immer ein Zeichen für starke Unzufriedenheit über äußere Umstände, die als bedrohlich, unakzeptabel und unpassend empfunden werden, weil sie den eigenen Vorstellungen, Wünschen und Erwartungen nicht entsprechen.

Im negativen emotionalen Zustand sind diese nach Liebe suchenden Menschen schnell verletzt, fühlen sich sofort unwohl und können misstrauisch werden. Sie ärgern sich, wenn jemand auf ihrem Parkplatz parkt, sind wütend, wenn ihre Frage mit einem Nein beantwortet wird, wenn ihre Partner anderer Meinung sind oder die Kinder nicht den Erwartungen entsprechen. Holly-Charaktertypen zeigen sehr wenig Akzeptanz für ihre Umgebung. Sie fühlen sich rasch angegriffen, da es ihnen an innerer Sicherheit und Vertrauen mangelt, ein Teil der Selbstliebe.

Die schwerste Form von Wut ist Neid und Eifersucht. Diese beide starken Emotionen hängen mit tiefgreifendem Egoismus zusammen, mit einer inneren Leere, die man durch Projektionen zu erfüllen versucht. Verschiedene Formen von Beziehungen (Partnerschaft, Kollegialität, Freundschaft, Familie) dienen dem Betroffenen allein dazu, das starke Bedürfnis nach Anerkennung und Liebe zu stillen. Gelingt das nicht, entsteht als Reaktion Eifersucht oder Neid. Eifersucht, wenn man nicht die Liebe bekommt, die man will. Neid, wenn jemand hat, was man selber nicht hat. Solche Vergleiche führen zu Bitterkeit und vertiefen das Leid. Oft verlieren diese bedürftigen Menschen ihre Selbstkontrolle. Ihre innere Leere ist so groß, dass sie jene, denen es besser geht, dafür sogar hassen. Auf Hass kann Gewalt folgen, um sich ein Stück Liebe oder Anerkennung zu erobern. Übrigens ist Eifersucht das zweithäufigste Motiv für Gewalt und Verbrechen. Diese Emotion wirkt stark auf den Einzelnen und hat gleichzeitig Auswirkungen auf das Leben vieler Mitmenschen!

Hass, Wut, Neid und Eifersucht haben direkten Einfluss auf das körperliche Befinden – sie können der Grund für Herzprobleme oder Atemschwierigkeiten sein. Kinder, die ein neues Geschwisterchen bekommen, könnten womöglich Wut oder Eifersucht empfinden, weil die Veränderung in ihrem Leben und dem der Eltern Akzeptanz fordert. Auch unter Partnern kann Kontrollsucht entstehen, wenn der eine eifersüchtig ist und der andere beispielsweise auf Dienstreise geht. Wenn Kollegen ihre Leistungen vergleichen und des einen Leistung honoriert wird, die des anderen aber nicht, ist Neid oder Eifersucht oftmals die Folge von egoistischen Kämpfen.

Die Essenz Holly hilft allen, die unter diesen starken negativen Emotionen leiden und denen es schwerfällt, davon Abstand zu gewinnen. Die Essenz schenkt Gelassenheit und innere Ruhe. Im positiven emotionalen Zustand tragen diese Menschen Toleranz in sich, die ihnen hilft, Akzeptanz zu üben, anstatt in einer Erwartungshaltung zu verharren. Sie sind gute Beobachter und sind sich darüber gewiss, dass Liebe Zeit und Raum benötigt, um sich zu entfalten und alle ihre Seiten zeigen zu können. Mit Druck kann man keine wahre Liebe erzwingen, Liebe fühlt man nicht durch Egoismus. Den Zugang zur Liebe findet man nach und nach durch Akzeptanz, Selbstliebe und Gelassenheit. Die Liebe schenkt sich einem selbst.

BESONDERE MERKMALE:

Die Essenz Holly ist eine wichtige energetische Hilfe, wenn es um das Thema Liebe geht. Sie unterstützt jeden auf dem Weg zu wahrer Liebe und Vertrauen. Man sagt so schön: „Nur die Liebe allein kann heilen." Um dies aber richtig zu verstehen und ins eigene Leben zu integrieren, kann die Essenz Holly hilfreich sein.

Durch Erziehung und durch den Einfluss aus der Umgebung, wie etwa durch kollektive Gedankenformen, gesellschaftliche Normen oder moralische Vorstellungen, trägt jeder ein eigenes Bild von der Liebe in sich. Es liegt in der menschlichen Natur, starke negative Emotionen zu unterdrücken. Man spricht ungern über Neid oder Eifersucht. In einem Beziehungskonflikt Eifersucht zuzugeben, wahrhaftig zu sich zu stehen, kommt eher selten vor. Meistens gehen die Partner den Weg von Angst und Kontrolle und nehmen gar die Rolle des Leidenden oder Verletzten ein, um die Verantwortung für diese Gefühle nicht selbst tragen zu müssen. Das ist nicht der Weg der wahren Liebe. Die Essenz Holly ermöglicht es, zur tiefen, inneren Liebe zu finden und Vertrauen Priorität einzuräumen. Die Schritte dahin führen durch die Ehrlichkeit zu sich selbst sowie durch Reflexion der eigenen Bedürfnisse und Wünsche. Man lernt so, sein eigenes Leben zu akzeptieren, sich anzunehmen, ohne sich zu vergleichen. Dadurch kann der Wunsch nach Liebe in Erfüllung gehen: Wenn man die Liebe nicht von außen kommend erwartet, sondern sie in sich spürt, sie hegt und pflegt und vertrauensvoll wachsen lässt. Außerdem ist die Essenz Holly eine unverzichtbare Unterstützung in Prozessen von Vergebung oder Verzeihung – ob nun sich selbst oder anderen gegenüber. So wächst das Vertrauen in die Weisheit des eigenen Lebens. Es ist eine wunderbare Erfahrung, diese zu spüren und wiederzuentdecken.

Wenn Ärger über Kleinigkeiten uns Freude und Leichtigkeit raubt, hilft eine kurzfristige Einnahme der Essenz Holly (Zwei Tropfen in einem Glas Wasser, langsam getrunken). So kommt man wieder in das Gefühl der Einheit und findet die Sinnhaftigkeit des Lebens. Alles hat seinen Platz und seine Bedeutung – man kann dem Leben in Liebe begegnen. Für diese Botschaft steht die Essenz Holly.

16 ❁ HONEYSUCKLE – Geißblatt

Menschen, die in ihrem Denken und Handeln vergangenheitsbezogen sind, neigen zu Vergleichen. Sie leben zwar im Hier und Jetzt, trotzdem können sie die Vergangenheit nicht loslassen. Sie sind nostalgisch und nehmen die Gegenwart nur durch die Brille vergangener Erfahrungen wahr: Alles, was gegenwärtig ist, war für sie schon einmal in einer besseren Form da. Honeysuckle-Charaktere leben in einer energetischen Zeitverschiebung. Sie sind in ihrem Alltag hauptsächlich physisch anwesend – geistig sind sie damit beschäftigt, altbekannten Erlebnissen nachzuhängen. Dadurch entsteht eine Diskrepanz, die ihnen Kraft und Achtsamkeit für die Gegenwart raubt. Im negativen emotionalen Zustand fühlen sich die Honeysuckle-Typen in der Gegenwart verloren. Sie haben zum aktuellen Geschehen keinen Zugang, weshalb sie den Eindruck erwecken, ihre Umgebung nicht richtig zu verstehen. Sie leiden zwar nicht darunter, fühlen sich jedoch verwirrt und unsicher, da sie mit dem aktuellen Geschehen nicht mitkommen. Die erlebten Ereignisse der Vergangenheit nehmen mental so viel Raum ein, dass die Gegenwart nur ansatzweise erfasst werden kann.

Sie richten auch in Gesprächen ihren Blick auf die Vergangenheit, vergleichen Aktuelles mit Vergangenem, wodurch das Neue immer in den Schatten gestellt wird. Dass auch vergangene Erfahrungen schwer waren, vergessen oder verdrängen die Honeysuckle-Charaktere. Das Heutige hat für sie keinen richtigen Wert. Ihre Anekdoten sind stets nostalgisch angehaucht. Der Gesprächspartner gewinnt womöglich den Eindruck, dass bei diesen Menschen das Leben stillsteht.

„Als mein Mann noch lebte, haben wir viele Ausflüge gemacht. Wir waren viel unterwegs, es waren sehr schöne Zeiten. Heute geht es nicht mehr so leicht, da der Verkehr derart zugenommen hat. Überall sind Staus auf den Autobahnen, und es macht keine Freude mehr. Mein Mann und ich hatten es noch schön. Es war viel ruhiger, als es unsere Kinder heute haben. Wohin sich die Welt entwickeln wird, das weiß man nicht. Auf jeden Fall wird es nicht mehr so ruhig, wie es einmal war.“

Das ist die Beschwerde einer Klientin. Sie erzählte weiter, dass sie noch immer das gleiche Reisegepäck hat wie damals mit ihrem Mann, obwohl sie kaum mehr reist und meistens zu Hause ist. Anhand ihres Blickes sowie ihrer Haltung war zu erahnen, dass sie ihr aktuelles Leben nicht akzeptieren kann, obwohl sie zu diesem Zeitpunkt schon mehr als zehn Jahre ohne ihren Mann lebte. In ihrer Wahrnehmung ist ihr Leben an jenem Punkt stehen geblieben, an dem sie es am angenehmsten empfunden hat. Alles andere wird in der Folge ausgeblendet und mit Desinteresse bedacht.

Wer sich in der Vergangenheit gefangen fühlt, findet durch die Essenz Honeysuckle neuen Schwung für das gegenwärtige Leben. Es kann sich sowohl um alte Erinnerungen handeln, die einem ständig im Kopf kreiseln, wie auch um Nostalgie, die womöglich Traurigkeit hervorruft, weil das Erlebte vergangen ist. Dies alles hemmt den Betroffenen, im Fluss des Lebens zu bleiben und die Kraft aus dem Hier und Jetzt zu schöpfen.

Die Verarbeitung der Vergangenheit betrifft nicht nur ältere Menschen, die sich mit Bedauern an ihre Jugend erinnern und nur schwer die inneren Reifeprozesse annehmen können. Auch Kinder und junge Menschen haben ihre Geschichte. Täglich erleben sie Neues und machen neben den Glücksmomenten auch unangenehme Erfahrungen, wie etwa Misserfolge in der Schule, Verrat unter Freunden oder das gute alte Heimweh. Darauf folgende unangenehme Gefühle sorgen oftmals dafür, dass Erlebtes lieber verdrängt wird, obwohl die Last innerlich so immer schwerer wird. Hier kann die Essenz Honeysuckle positiv wirken, indem kein emotionales schwarzes Loch entsteht, sondern verdrängte Erfahrungen angenommen werden und die Gegenwart mit frischer Kraft gestaltet wird. Je nach Intensität der vergangenen Situation kann Honeysuckle auch zusammen mit der Essenz Star of Bethlehem (siehe dort) eingenommen werden.

Hat man vergangene Erfahrungen verstanden und angenommen, können sie losgelassen werden. Hängt man etwas Vergangenem nach und rasen die gegenwärtigen Erlebnisse an einem vorbei, liegt das oftmals daran, dass unangenehme Erfahrungen verdrängt oder positive Erfahrungen nicht dankbar angenommen wurden. Die Essenz Honeysuckle hilft bei diesem Verarbeitungsprozess, die Vergangenheit in die Gegenwart zu integrieren und sie als Teil des Ganzen zu akzeptieren. Es wird einem möglich, Zeit als Lebensfluss zu sehen, der neue Impulse und Möglichkeiten zum inneren Wachstum mit sich bringt.

In einem Trennungsprozess baut Honeysuckle eine Brücke des Verstehens. So wirkt die Trennung nicht wie eine Blockade. Steht man einer Erfahrung verständnislos gegenüber, blockiert man sich. Findet man den Grund des Geschehens, kann man dem Leben seinen Lauf lassen. Das Unerkannte lässt einen stillstehen, das Erkannte hingegen führt zu neuen Ufern. Die Essenz Honeysuckle verbindet Vergangenheit und Gegenwart, wodurch es möglich wird, den Fluss des eigenen Lebens verstehen und wertschätzen zu können.

BESONDERE MERKMALE:

Die Essenz Honeysuckle hat sich als eine wichtige Unterstützung erwiesen, wenn man alte Muster, Gewohnheiten oder Gedankenformen loslassen will. Oftmals hindern einen die Erfahrungen aus der Vergangenheit daran, Liebe und Freude im aktuellen Dasein zu entfalten und auszuleben. Zudem möchte man Unangenehmes nicht unbedingt wiederholen. Doch dadurch baut man sich eine Mauer und bleibt in der vergangenen Erfahrung hängen. Es ist nicht leicht, die alten Vorstellungen, Erwartungen, Wünsche oder unerfüllten Träume loszulassen und sich der Gegenwart vertrauensvoll zu öffnen. Das Alte hat eine gewisse Anziehungskraft, weil es Sicherheit in sich birgt – man kennt den alten Weg genau und muss keinen neuen Weg gehen, der möglicherweise anstrengend sein könnte. Um diese Bequemlichkeit des menschlichen Bewusstseins zu überwinden, dabei hilft Honeysuckle. Diese Essenz öffnet uns der Begeisterung für neuen und frischen Wind im Leben. Sie zeigt uns, dass das Leben immer weitergeht und inneres Wachstum im Hier und Jetzt stattfindet.

17 ❁ HORNBEAM – Hainbuche

Viele Impulse in unserem alltäglichen Leben können dazu führen, dass man sich ermüdet und geistig erschöpft fühlt. Die Begeisterung schwindet, und letztlich ist man sich allein der Routine bewusst. In diesen Situationen hat sich die Essenz Hornbeam als hilfreich erwiesen.

Sie ist richtiggehend ein Motivator für den Alltag!

„Wenn ich nur daran denke, was ich tagsüber zu erledigen habe, bin ich schon erschöpft. Es ist immer dasselbe. Aber es geht nicht anders, also muss ich es irgendwie schaffen. Ich verspüre keinerlei Motivation oder gar Lust. Was ich verschieben kann, verschiebe ich, doch das macht es nicht besser.“

Das ist eine Beschreibung der Situation eines Klienten, der sich im negativen emotionalen Zustand der Essenz Hornbeam befindet. Charakteristisch für die Hornbeam-Blockade sind der Zwang und die fehlende Motivation. Die Hornbeam-Typen schleppen sich durch den Tag, haben keine Kraft und zeigen kaum Interesse an ihren Pflichten und Aufgaben. Zudem fühlen sie sich mental erschöpft. Sie wissen zwar, was zu tun ist, doch es fehlt ihnen jegliches Interesse zur Umsetzung.

Ihre Pflichten auf einen späteren Zeitpunkt zu verschieben, erscheint ihnen als einziges Mittel gegen das aktuelle Desinteresse, in der Hoffnung, dass es ihnen dann besser geht und sie zumindest einen Hauch von Begeisterung verspüren könnten. Doch in Wirklichkeit entsteht Unordnung oder gar Chaos, wodurch womöglich Sorgen hervorgerufen werden. Der Berg an Aufgaben wird mehr und mehr unüberschaubar. Um die Situation in den Griff zu bekommen, greifen sie zu verschiedensten Formen sogenannter „Energy-Pusher“: Kaffee, Alkohol, leichtere Drogen oder Medikamente sind oftmals Mittel der Wahl.

Dieser emotionale Zustand ist in unserer heutigen Gesellschaft weit verbreitet. Viele Menschen fühlen sich überfordert durch die alltäglichen Impulse und Herausforderungen, die ihnen früher Freude und Begeisterung gebracht haben. Nach einer gewissen Zeit sind sie zur Routine geworden, und dadurch ist auch die Begeisterung entschwunden. Die To-do-Liste ist ellenlang, die Prioritäten verschwimmen und man weiß nicht mehr, welchen Schritt man zuerst gehen soll, um sein Ziel zu erreichen. Die Forderungen von außen („ich soll") und die innere Einstellung dazu („ich habe keine Lust") scheinen plötzlich zur Zerreißprobe zu werden.

Hornbeam-Charaktere leiden oftmals kurzfristig unter einer kreativen Leere. Sie können durch ihre Willenskraft viel erreichen, jedoch hören sie manchmal der eigenen Seele nicht zu, die nach Begeisterung und Sinnhaftigkeit sucht. Dadurch wird die eigene Willenskraft geschwächt, und der Hornbeam-Typ stellt sich die Frage nach dem Sinn seiner Tätigkeit.

Die Essenz Hornbeam schenkt Energie und Spontanität, um die eigenen Pflichten wieder in Angriff zu nehmen. Die mentalen Kräfte beleben sich wieder, man spürt Freude und Interesse an der Arbeit.

BESONDERE MERKMALE:

Wem plötzlich Motivation und Beständigkeit fehlt, dem hilft die Essenz Hornbeam wieder auf die Spur, um seine Aufgaben weiter zu verfolgen oder zu Ende zu bringen. Wenn die Interessen an der Arbeit weniger werden und der Druck der Pflichten wächst, gibt Hornbeam den nötigen Impuls, um weiter zu kommen und wieder Sinnhaftigkeit im Alltag zu finden.

Hornbeam hat sich auch als hervorragender Unterstützer erwiesen, wenn man plötzliche Kopfschmerzen oder leichte Migräne aufgrund der Überbelastung verspürt.

Menschen, die unter Eisenmangel leiden und schon entsprechend therapiert werden, können die Essenz Hornbeam einnehmen – für die Unterstützung des Energiehaushalts, besonders im mentalen Bereich.

Auch die Medien sowie die Kommunikation im Netz mit Computer und Smartphone haben einen starken Einfluss auf unsere mentalen Kräfte. Die Informationsflut und die unendlich vielen Möglichkeiten, an eine Sache heranzugehen, ermüden den Geist nach einer gewissen Zeit. Man gewinnt den Eindruck, unfähig zu sein, um alles zu überblicken und wahrzunehmen. Es ist eine mentale Überspannung, die zur absoluten Erschöpfung führen kann, wenn man nicht einen gewissen Abstand bewahrt und sich selbst im Klaren ist, welche Informationen sinnvoll sind. Die Essenz Hornbeam kann auch hier eine Hilfe sein, um die eigenen mentalen Kräfte zu schützen und sinnvoll einzusetzen.

18 ❁ IMPATIENS – Drüsentragendes Springkraut

Der Name dieser Pflanze verrät direkt ihre Botschaft: Sie ist eine Hilfe für alle, denen die Geduld abhanden gekommen ist. Menschen, die diese Essenz benötigen, befinden sich in Eile. Es kann eine plötzlich auftretende Eile sein, um etwas rechtzeitig zu Ende zu bringen, aber auch permanenter Zeitdruck, mit dem Gefühl, ständig hinterherzuhinken. Im Leben dieser Menschen geht es nicht um Pünktlichkeit, sondern um innere Unruhe. Schnelllebigkeit ist ihr Antrieb und ihr Ziel. Es geht um ein Tempo, das längst nichts mehr mit dem natürlichen Lebensrhythmus zu tun hat – viele verschiedene Tätigkeiten sollen in möglichst kurzer Zeit unter einen Hut gebracht werden.

Menschen, die sich im negativen emotionalen Zustand von Impatiens befinden, sind Sklaven ihrer selbst und ihres Zeitzwangs. Sie hetzen von einem Termin zum nächsten und sind gereizt, weil sie nicht alles schaffen werden, was sie sich vorgenommen haben. Ihre Gedanken springen von Thema zu Thema. Sie denken niemals nur an eine einzige Sache. Das macht sie unruhig, oftmals nervös und raubt ihnen Energie. Kein Wunder, wenn sie sich erschöpft fühlen.

Wenn der Impatiens-Typ bei einem Gespräch plötzlich das Thema wechselt, geschieht das nicht aus mangelndem Interesse, sondern aus ungeduldiger Wissbegier. Sie verfügen nicht über ausreichend Geduld, um abzuwarten, bis sich das Gespräch in eine bestimmte Richtung entwickelt, sondern sie greifen sofort ein. Sie finden keine innere Ruhe, denn alles muss für sie rasant laufen. Erledigungen dürfen kaum Zeit in Anspruch nehmen. Sie stellen sich selber unter permanenten Druck, sind nervös und intolerant, wenn die anderen ihrem Tempo nicht folgen können oder möchten. Sie können sogar verärgert reagieren, wenn sich bestimmte Prozesse nicht beschleunigen lassen.

Auch als Patienten sind Impatiens-Charaktere „schwierige Fälle“. Keine Therapie bringt schnell genug die erhoffte Genesung. Sie verspüren den Drang, möglichst sofort wieder auf die Beine kommen zu müssen, damit sie ihre Pflichten erfüllen können, denn sie wollen keinesfalls etwas Wichtiges verpassen. Es fehlt ihnen an einer gewissen Demut und Hingabe, durch die sich die inneren Selbstheilungskräfte entfalten können.

Impatiens-Charaktertypen sind als Vorgesetzte unter Umständen nur schwer zu ertragen. Sie empfinden das Arbeitstempo ihrer Kollegen und Mitarbeiter als zu langsam. Deswegen ist es nicht selten, dass sie die Aufgaben selber erledigen, statt mit Toleranz und Geduld zu delegieren. So verhindern sie die Entwicklung eines guten Team-Geistes, weil sie ständig besserwisserisch vorauslaufen. Nach einer gewissen Zeit fühlen sie sich isoliert und nicht verstanden. Sie bemerken, dass die anderen mit ihrem Tempo nicht mithalten wollen oder können und fühlen sich allein gelassen. Konstruktive Kritik von Kollegen blocken sie ab und versinken lieber in Isolation.

Der permanente mentale Zeitdruck spiegelt sich auch in ihrem Körper. Sie leiden womöglich unter Hautproblemen, wie etwa Irritationen oder Juckreiz, unter Symptomen einer Schilddrüsenüberfunktion oder unter hohem Blutdruck. Menschen mit einer ADHS-Diagnose benötigen außer einer Lebensstilveränderung sowie psychologischer Unterstützung auch eine längere Einnahme der Essenz Impatiens. Inzwischen wird ADHS bei Jugendlichen, Kindern wie auch bei erwachsenen Menschen im reifen Alter festgestellt. Schnelllebigkeit und Multitasking überschatten ihre Aufmerksamkeit, wodurch sich auch das Unfallrisiko erhöht!

Im positiven Zustand sind Impatiens-Charaktertypen sehr sympathische und kommunikative Menschen, die Verständnis für die Mitmenschen und für die Geschehnisse des Lebens haben. Sie tragen eine charmante Gelassenheit in sich, dadurch können sie Zusammenhänge schnell begreifen und dementsprechend handeln. Sie verstehen den Rhythmus des Lebens und sind sich darüber bewusst, dass „dem Geduldigen aller Reichtum der Welt gehört".

BESONDERE MERKMALE:

Die Essenz Impatiens hilft auch ungeduldigen Eltern beim Spielen mit ihren Kindern, bei der Hausaufgabenbetreuung sowie in schwierigen Zeiten, wenn die Kinder ihre pubertären Prozesse durchleben. Manche Eltern fühlen sich durch Probleme mit ihren Kindern oft irritiert. Sie wissen intuitiv, dass sie die Lebensaufgaben ihrer Kinder nicht für sie lösen können, haben aber wenig Geduld, um abwarten zu können. Diese Essenz hilft, die nötige

Toleranz für den Nachwuchs zu entwickeln und mit Verständnis auf seine Bedürfnisse einzugehen.

Die Komplexität unserer Aufgaben und Pflichten nimmt zu. Das steigert in unserer schnelllebigen Gesellschaft das oft alltäglich auftretende Gefühl, immer mehr unter Zeitdruck zu geraten. Die Erwartungen auf dem Arbeitsmarkt sind hoch, die Konkurrenz in jedem wirtschaftlichen Bereich wächst, die Optimierung von Arbeitsprozessen sowie effektive Problemlösungen sind Standard geworden. „Schnell und billig" ist das moderne Wirtschaftsmotto, welches den Menschen unbemerkt und schleichend in Zeitstress versetzt.

Das beste Beispiel dafür ist unsere inzwischen weit verbreitete permanente Erreichbarkeit – durch das Smartphone und das Netz. Man ist permanent auf Hochtouren und hat oftmals den Eindruck – im Vergleich zu der Fülle an Informationsmöglichkeiten, von der nicht einmal ein kleiner Bruchteil nutzbar ist – unterinformiert zu sein. Dieses Mangelgefühl raubt die Zeit für Stille, Ruhe und für sich selbst. Es ist fast kein Platz mehr für Achtsamkeit und innere Gelassenheit, da man ständig unter dem Druck der Informationen zu stehen scheint. Die Essenz Impatiens hilft auch in diesen Situationen, zur inneren Ruhe und Gelassenheit zurückzukehren und wieder den eigenen Zielen mit den eigenen Kräften zu folgen und diese zu verwirklichen. Auch bei der inzwischen weit verbreiteten Abhängigkeit von Smartphones oder Tablets kann die Essenz Impatiens behilflich sein, um Reizbarkeit und Nervosität zu überwinden und sich den nötigen Abstand zum Geschehen zu verschaffen.

19 ❁ LARCH – Lärche

Menschen im negativen emotionalen Zustand der Essenz Larch mangelt es an Selbstwertgefühl. Sie leiden unter einem Minderwertigkeitskomplex und setzen sich selbst im Vergleich zu den anderen herab. Sie wissen präzise, was sie wollen und haben klare Vorstellungen, trauen sich aber nicht, diese umzusetzen, sie glauben, es mangele ihnen an den nötigen Fähigkeiten. „Die anderen können alles besser" – das ist eine tiefsitzende Überzeugung. Aufgrund dessen unternehmen sie fast nichts, um ihre Ziele zu verwirklichen. Sie stehen sich durch solche Glaubenssätze selbst im Weg. Larch-Typen gehen kein Risiko ein, sie probieren erst lieber gar nichts und drehen sich im Kreis, wodurch sich das Minderwertigkeitsgefühl immer weiter vertieft. Es wird immer schwerer, die Kluft zwischen ihren Wünschen und der Realität, in der es an Umsetzung mangelt, zu überwinden.

Larch-Charaktere stellen ihr Licht unter den Scheffel. Einem Mitbewerber im Arbeitsbereich oder dem Mitmenschen im Allgemeinen gestehen sie eine höhere Wertigkeit zu. Das bedrückt natürlich, führt zu Verunsicherung sowie häufig auch in eine ungewollte Isolation. Die Larch-Typen trauen sich einfach nicht zu zeigen, was sie wirklich können. Sie haben Angst, sich zu blamieren oder zu versagen.

Diese Selbsteinschränkung entsteht durch Erziehungsmuster, oftmals schon in der frühen Kindheit. Kann ein Kind Erwartungshaltungen der Eltern, Lehrer oder Freunde nicht erfüllen, entsteht bald ein entsprechendes Verhaltensmuster: Man strebt unbewusst Misserfolg an und bewundert, anstatt erfolgreich zu sein, das Umfeld. Und warum? Weil man des eigenen Wertes nicht bewusst ist. Man misstraut den eigenen Fähigkeiten. Man steckt zurück und präsentiert sich mit der Überzeugung: „Ich bin unfähig für solche Schritte." Oder: „Ich bin nicht gut genug." Interessanterweise verspüren Larch-Charaktertypen selten Neid oder gar Hass. Sie verfügen über ein feines, überaus anständiges Benehmen, sind sehr freundlich und großzügig. Ihre Unsicherheit hinsichtlich der eigenen Fähigkeiten tragen sie still mit sich herum. Manchmal wird ihre innere Einstellung durch ihre Körperhaltung sichtbar: Sie ziehen die Schultern hoch oder beugen sie nach vorne, gehen langsam und gestikulieren bedächtig. Sie wirken schüchtern, wenn sie sich sprachlich äußern sollen, erröten ganz oft und leiden womöglich unter stotternder Ausdrucksweise. Die Angst vor Blamage ist groß.

Die Blütenessenz Larch weckt in jenen Menschen, die unter Minderwertigkeitsgefühlen leiden, neuen Lebensmut. Sie verspüren ein neues Vertrauen in sich selbst und beginnen dadurch, ihr eigenes Potenzial zu entfalten. Sie bemerken, dass sie genügend Fähigkeiten in sich tragen, um ihre Wünsche zu realisieren. Sie können nun Integrität leben. Im positiven emotionalen Zustand können Larch-Charaktertypen kreativ mit der eigenen Lebensenergie umgehen und sich für jene Projekte einsetzen, die (oftmals auch gesellschaftlich relevante) neue Impulse setzen. In einer Zusammenarbeit bringen sie sich ganz ein, und weil sie anderen kreativen Meinungen gegenüber offen und respektvoll sind, tragen sie viel zu einem gesunden und kreativen Teamgeist bei. Ihre Zuverlässigkeit und Offenheit macht sie beliebt.

Sie kennen ihre positiven Seiten sehr gut, und falls sie mit einer inneren Schwäche zu kämpfen haben, bleiben sie optimistisch und offen für eine positive Lösung – sie haben starkes Durchhaltevermögen. Mit der richtigen Prise Selbstbewusstsein schaffen sie es, erfolgreich aus jeder Krise heraus den richtigen Weg zurück zu finden.

BESONDERE MERKMALE:

Empfehlenswert ist Larch besonders für Schüler und Studenten, die kurz vor Prüfungen oder Abschlussarbeiten eine Phase der Unsicherheit durchleben. Obwohl sie bereits vieles geschafft haben, fühlen sie sich vor der Prüfung plötzlich wieder unsicher, sind ängstlich und fragen sich, ob sie die Herausforderung bewältigen können. Larch unterstützt in diesen Situationen das Selbstbewusstsein und stellt eine innere Ruhe her, in der zu Kraft und

Klarheit gefunden werden kann. Auch bei öffentlichen Auftritten, bei denen oftmals temporäre Unsicherheit aufkommen mag, hilft Larch dabei, die innere Stabilität und das Vertrauen in die eigenen Fähigkeiten zu bewahren.

Überall dort, wo man kurzfristig Zweifel an sich und seinen Möglichkeiten verspürt, bringt Larch innere Ausgeglichenheit, Stabilität und Selbstvertrauen zurück. Es geschieht nicht selten, dass man dann auch bereit ist, ungewöhnliche Projekte anzugehen oder sich neuen Herausforderungen zu stellen.

Larch ist auch für diejenigen hilfreich, die eine gewisse Zeit lang in ihren Tätigkeiten erfolglos waren. Sie haben in dieser Phase das Vertrauen in die eigenen Kräfte verloren und sind davon überzeugt, dass sie nicht für Erfolg bestimmt seien. Ein zurückgewonnenes Selbstvertrauen führt in solchen Lebensumständen dazu, dass der Betroffene sich wieder bereit fühlt, neue Aufgaben anzunehmen. Die Essenz Larch öffnet das Tor zum Erfolg – durch das Vertrauen in sich selbst und in die eigene Kraft.

20 ❁ MIMULUS – Gefleckte Gauklerblume

Angst ist eine der am häufigsten auftretenden Emotionen. Im technisch ausgerichteten 21. Jahrhundert nimmt diese Emotion immer mehr zu. Je mehr unser alltägliches Leben durch Technik und die verschiedensten Formen von rasantem Informationsaustausch via Internet geprägt ist, umso mehr verbreiten sich in der Gesellschaft Existenz- und Zukunftsangst – ein Paradoxon unseres modernen Lebens!

Angst ist eine äußerst wirkungsvolle und mächtige Kraft. Ein Mensch, der unter Angst leidet, empfindet einen gewissen Druck in sich, der seine Lebensenergie blockiert. Er kann sich nicht richtig wahrnehmen und somit auch nicht akzeptieren, da die Angst – ganz gleich in welcher Form – den Zugang zu sich selbst verschleiert. Die Angst regiert und manipuliert jede Entscheidung und jeden Schritt. Ängstliche Menschen fühlen sich unfrei und dadurch letztlich unglücklich. Sobald das menschliche Handeln durch Angst geprägt wird, haben Klarheit, Kreativität oder Lebensfreude keine Chance, sich zu zeigen.

Edward Bach war überzeugt, dass für vollkommene Gesundheit und innere Freiheit ein Ablegen von Angst notwendig wäre. „*Eine weitere fundmentale Hilfe für uns ist, alle Angst abzulegen. Angst hat in Wirklichkeit keinen Platz im natürlichen Menschenreich, da die uns innewohnende Göttlichkeit, die unser Selbst ist, unbesiegbar und unsterblich ist. Wenn wir das erkennen, gibt es nichts mehr, vor dem wir uns als Kinder Gottes zu fürchten brauchen!*

In materialistischen Zeiten wächst die Angst natürlich mit den irdischen Besitztümern, seien es solche des Körpers selbst oder äußerer Reichtum.“

Es gibt ganz unterschiedliche Arten von Ängsten. Existenz- oder Verlustangst hemmt den Betroffenen ununterbrochen, sich seiner Lebensaufgabe zu widmen, weil er innerlich einer Blockade ausgesetzt ist und gegen sie ankämpfen muss. Hat man zum Beispiel Angst, von seinem Partner verlassen zu werden, dann versucht man, anstatt seine Beziehung und den Partner wertzuschätzen und Vertrauen aufzubauen, den Partner zu kontrollieren. Man ist durch diese Angstblockade nach einer gewissen Zeit so gefangen, dass es schwer zu bemerken ist, dass man, anstatt in Liebe zu sein, in einem Kontrollwahn gefangen ist.

Schüler und Studenten empfinden vor Prüfungen oftmals Angst, diese nicht bestehen zu können. Sie können sich nicht mit voller Kraft auf die Vorbereitungen konzentrieren, weil die Angst im Hinterkopf aktiv ist und blockiert. Es kostet viel Kraft, die Prüfung trotzdem zu bestehen. Dazu ist es notwendig, zwei entgegengesetzt wirkende Kräfte – Konzentration auf einen positiven

Ausgang und Angst vor einem negativen Ausgang – zu integrieren und mutig voranzuschreiten.

Die Essenz Mimulus hilft bei allen Arten von Ängsten, die ein konkretes Thema haben: Sehr weit verbreitet ist die Angst vor dem Alleinsein, die Angst vor dem Tod, die Angst vor Krankheit und einem Arztbesuch, die Angst, sein Leben nicht in den Griff zu bekommen sowie – scheinbar etwas banaler – die Angst vor Spinnentieren. Die Reichweite der mit Mimulus behandelbaren Angstformen ist groß. Alltägliche Ängste, wie etwa die Angst vor einer Prüfung oder vor Mobbing, gehören ebenso zum Spektrum wie Ängste, die wichtige Lebensthemen beinhalten, etwa die Angst, nicht gut genug zu sein, beurteilt zu werden oder Opfer einer Misshandlung zu werden. Alle diese Ängste haben einen konkreten Namen und wirken als Blockade für den Fluss des Lebens. Menschen, die solche Ängste empfinden, sprechen nicht gerne darüber, schämen sich oftmals sogar für ihren Zustand. Sie isolieren sich lieber von ihrer Umgebung oder klammern Themen wie Krankheit, Tod, Misserfolg, Alleinsein oder den Mangel an Geldmitteln aus. Sie versuchen, diese Last alleine zu tragen. In extremen Fällen, wenn die Angst und die daraus resultierende Blockade immer größer werden, können die Mimulus-Charaktere in den Zustand einer Starre geraten. Nur ungern suchen sie Hilfe, um aus dem beklemmenden Zustand herauszukommen.

Die Essenz Mimulus hilft allen Menschen, die unter konkreten Ängsten leiden, den Mut zu entwickeln, ihre Ängste anzuschauen und anzunehmen. Es ist allgemein bekannt, dass Ängste vorrangig als Schutzmechanismus vor Unbekanntem dienen. Auch die negativen Erfahrungen aus der Vergangenheit können Angst mit sich bringen und blockieren, dass die Gegenwart aus der vollen Kraft gelebt wird. In diesen Situationen unterstützt die Essenz Mimulus jeden, der sich den eigenen Ängsten stellt und ihre Hintergründe und Ursprünge erkennen will. Erst dann kann der richtige Prozess beginnen – eine Umwandlung von Angst zu Achtsamkeit. Die Angst verliert folglich an Intensität, wodurch sich der Blickwinkel ändert. Man schaut nicht mehr auf die Angst, sondern auf die Problemlösung – und arbeitet daran.

Dabei werden die Ängste von der Essenz Mimulus nicht unterdrückt, sondern sie lässt jeden, der zur Entfaltung des eigenen Potenzials ein wenig Mut benötigt, erkennen, warum man bestimmte Blockaden aufgebaut hat. Aus dieser Erkenntnis entsteht dann der Mut, wahrhaftig den eigenen Weg zu gehen und dem Leben in allen seinen Aspekten zu begegnen.

BESONDERE MERKMALE:

Die Essenz Mimulus kann man wirkungsvoll in jenen Situationen einsetzen, in denen sich kurzfristige Ängste zeigen, wenn man etwa befürchtet, ein bestimmtes positives Ergebnis nicht erreichen zu können. Diese Befürchtungen treten oft bei lange andauernden Erkrankungen und chronischen Krankheiten auf, wenn man Angst vor weiteren neuen Therapieverfahren hat, vor Untersuchungen und eventuell auch vor dem Tod. Mimulus hilft in solchen Situationen, Furcht zu überwinden, die Zusammenhänge der ganzen Situation zu verstehen, sich nicht als Opfer der Krankheit zu fühlen und weiterhin dem Genesungsprozess zu folgen. Die innere Überzeugung, dass man aus der Situation etwas lernen kann, unterstützt die eigenen Selbstheilungskräfte.

Besonders empfehlenswert ist die Essenz Mimulus für jene Menschen, die unter Allergien leiden. Deren Angst, etwas zu essen oder mit Stoffen in Kontakt zu kommen, die ihr Leiden verschlimmern könnten, ist manchmal viel größer als die Erkrankung selbst. Oftmals sind es nicht die Zutaten oder das Essen, wodurch Allergiker krank werden, sondern es ist in vielen Fällen die Angst, die eine Allergie wachsen und leben lässt! Mimulus ist auch in diesem Fall ein unverzichtbareres Mittel, um Angst in Aufmerksamkeit umzuwandeln und sich ernsthaft zu fragen: „Was tut mir wirklich gut? Warum habe ich Angst vor äußeren Einflüssen entwickelt? Was nützt mir diese Angst?" Bei Allergien sollte man die Kraft der Angst nie unterschätzen. Angst versteckt sich hinter vielen anerzogenen Gedankenmustern und Alltagsgewohnheiten und blockiert die Genesung! Mimulus hilft Allergikern dabei, angstfrei die eigenen Glaubenssätze zu reflektieren, um das eigene Verhalten und Leiden zu verstehen.

21 ❁ MUSTARD – Wilder Senf

Die Essenz Mustard steht nicht in direktem Bezug zu einem bestimmten Charakter. Mustard hilft in jenen Situationen, in denen man plötzlich grundlos Melancholie oder Traurigkeit verspürt. Mutige, offene Menschen können genauso betroffen sein wie ängstliche oder verzweifelte. Es gibt keinen Grund, kein „Warum" – und doch verspürt man keinerlei Lebensfreude, sondern eine Schwere und Sinnlosigkeit, die man gar nicht richtig einordnen kann.

„An manchen Tagen geht es mir gar nicht gut", erzählte eine Klientin. *„Ich bin kein Pessimist, aber es gibt Tage, an den ich am liebsten nur zu Hause bleiben und alles absagen, mir einen Film anschauen und nicht sehen möchte, was gerade zu tun ist. Ich verstehe nicht, warum. Ich bin nicht überarbeitet, ich brauche einfach nur Zeit und Raum, in dem ich mit mir alleine bin, weil ich nicht weiß, was mit mir los ist. Wenn ich zur Arbeit gehe, bitte ich meine Kollegen morgens, mich lieber nicht anzusprechen und mich mit unnötigem Kram zu belasten, weil ich keine Laune dafür habe. Ehrlich gesagt, kann ich mich selbst nicht ausstehen und habe den Eindruck, statt auf der Sonnenseite zu spazieren, nur mit Nebel umgeben zu sein und mich zu verlieren."*

Das sind Eindrücke von Menschen, die sich plötzlich im negativen emotionalen Zustand von Mustard befinden. Ihre Laune kippt schnell, und sie haben den Eindruck, von einer schwarzen Wolke überschattet zu sein. Weil sie den Grund nicht kennen, werden sie womöglich noch unzufriedener. Tief im Inneren spüren sie noch eine Restwärme der Sonnenstrahlen, aber ihre Aufmerksamkeit konzentriert sich auf die trübe Laune. Dieses Verhalten kostet viel Kraft, wodurch sie antriebsloser werden und kaum Interesse an der Gegenwart zeigen. Dieser Zustand kann ein paar Stunden oder auch ein paar Tage anhalten, das ist sehr verschieden. Genauso schnell wie dieser Zustand erreicht war, ist er auch wieder Vergangenheit. Entscheidender ist die Intensität von Schwermut und Melancholie und deren Einfluss auf den Alltag des Betroffenen. Oftmals werden diese emotionalen Zustände auch von körperlichen Beschwerden begleitet: Kopf- oder Muskelschmerzen, Verspannungen im Nacken, allerlei andere Schmerzen, die immer wieder andere Körperstellen aufzusuchen scheinen – und all das ohne konkrete Ursache. Dabei fühlt man sich nicht wirklich krank, es ist eher eine körperliche Belastung, hervorgerufen durch ein seelisches Unwohlsein. Schwermut und Melancholie können auch Anzeichen für verschiedenste hormonelle Umstellungen bei Jugendlichen oder Erwachsenen sein.

Die Essenz Mustard hilft, diesen belastenden emotionalen Zustand zu überwinden und sich wieder den positiven Seiten des Lebens und des eigenen Daseins zu öffnen. Sie lässt die Melancholie ausklingen und lenkt die Aufmerksamkeit auf das Gute und Positive im eigenen Leben. Die Essenz Mustard schenkt Optimismus, Kraft sowie Zuversicht und stellt wieder Lebensfreude her. Da es sich bei diesem emotionalen Zustand oftmals um kurzfristige Perioden des Unwohlseins handelt, empfiehlt es sich, die Essenz Mustard tagsüber nach Bedarf einzunehmen.

BESONDERE MERKMALE:

Die Essenz Mustard mit ihrer Kraft und heilsamen Wirkung kann vielen Menschen helfen, die durch ihren Lebensstil plötzlich unter Sinnlosigkeit und Weltschmerz leiden, um aus dem trüben Zustand zu sich zurückzufinden. Manchmal liegt die Ursache für einen solchen Zustand nicht bei einem selbst. In der heutigen Welt sind wir alle durch verschiedenste Kommunikationskanäle miteinander verbunden, und es geschieht nicht selten, dass man unbemerkt Gedankenformen oder Leid der anderen übernimmt. Die Ursache dafür kann in negativen Nachrichten liegen, in ineffizienten Behördengängen, im Streit am Arbeitsplatz oder in unbequemen Aussagen von Freunden. Vielleicht nimmt der man es zunächst einfach an und bemerkt erst nach einer gewissen Zeit, dass man negative Emotionen verspürt, die einen aus der Mitte bringen. Der Austausch mit der Umgebung hat eine gewisse Schwere oder trübe Gedanken hinterlassen. Man geht unbemerkt mit kollektiven Gedankenformen in Resonanz, wie etwa kollektiver Unzufriedenheit. Man übernimmt das und agiert ähnlich, man wird unzufrieden und jammert. Dagegen anzukämpfen, kostet viel Kraft, und nicht immer kann man schnell erfolgreich agieren. Die Essenz Mustard ist ein hervorragendes Mittel, um zur eigenen Mitte zu finden und sich wieder an den kleinen, schönen Seiten des Alltags zu erfreuen. Diese Essenz wirkt nach dem natürlichen Prinzip: Nach jedem Regenschauer scheint die Sonne.

Ein Zitat aus dem Buch „Heile Dich selbst“ von Dr. Edward Bach ergänzt die Beschreibung auf treffende Weise:

„Heiterkeit in allen Dingen sollte unterstützt werden, und wir sollten uns nie von Zweifeln und Niedergeschlagenheit bedrücken lassen. Stattdessen wollen wir uns daran erinnern, dass diese nicht aus uns selbst stammen, denn unsere Seele kennt allein Freude und Glück.“

22 ❁ OAK – Eiche

Ein starkes, fast übertriebenes Pflichtgefühl zeichnet Menschen aus, die sich im negativen emotionalen Zustand der Essenz Oak befinden. Starke Persönlichkeiten, die eigenen Zielen und Pflichten folgen und diese erfüllen, sind tapfer und kämpfen mit jedem Widerstand, der ihnen auf dem Weg der Pflichterfüllung begegnet. Sie kennen keine Ruhephase und keine Auszeit. Sie halten durch, egal wie es ihnen dabei körperlich geht. Wenn man diese Menschen in ihrer Lebensweise beobachtet, bemerkt man, dass sie die buddhistische Aussage „Der Weg ist das Ziel" umgekehrt leben. Für sie ist das Ziel der Weg.

Ich erinnere mich an eine Klientin, die aufgrund vermuteter Multipler Sklerose meine Praxis aufgesucht hat – wegen der möglichen Diagnose und einer vielleicht daraus resultierenden Depression. Sie war eine begabte junge Frau, die gerade eine eigene Familie gegründet hatte und nicht nur Mutter eines kleinen Kindes war, sondern auch selbstständig für ein privates Unternehmen im Bereich Maschinenbau arbeitete. Sie wollte ihre Niedergeschlagenheit sowie ihre Angst vor dem womöglich existenten Krankheitszustand loswerden. Sie wollte verhindern, dass die Vermutung irgendwann Realität werden könnte, und einfach wieder ein normales Leben führen. Nach ein paar Gesprächen hat sich herauskristallisiert, dass sie immer am Donnerstagabend oder Freitagmittag starke Migräne bekam, wodurch sie am Wochenende nie abschalten, die Gedanken an die Arbeit nicht loslassen und eine entspannte Zeit mit der Familie verbringen konnte. Sie konnte es deshalb nicht, weil sie auch am Wochenende mit ihrem körperlichen Zustand zu kämpfen hatte. In vielen ihrer Aussagen stand das Wort „kämpfen" im Vordergrund. Ihre Empfindung war, dass das Leben Kampf bedeutet. Das war keine Opferhaltung, denn sie war tapfer in ihren Überzeugungen.

Der Ursprung ihrer Probleme – die vermutete Erkrankung, Depression und Migräne – lag in ihrem übertriebenen Pflichtbewusstsein, ihre Aufgaben und Pflichten so perfekt wie möglich zu erfüllen, um den anderen zu helfen, sie zu unterstützen und für alles zu sorgen.

Dieses Gefühl hatte sie schon als junges Mädchen begleitet; mit der Geburt ihrer Tochter hatte es sich verstärkt und ihre innere Einstellung zu ihrem Leben hatte sich verschlechtert. Aus Pflichtgefühl hatte sie sogar auf Mutterschutz verzichtet und ganz früh nach der Geburt wieder begonnen zu arbeiten. Die Essenz Oak war der Auslöser, der ihre Genesung in die Wege leitete.

In unserer Gesellschaft wird der Begriff Pflichtgefühl hochgeschätzt und weist auf eine positive Eigenschaft hin. Doch ist es notwendig, dabei auch den eigenen emotionalen und geistigen Zustand zu beachten. Pflichtbewusste Menschen sind überall willkommen, da sie mutig für die eigenen Ziele und die der anderen kämpfen können. Sie kennen keine negativen Aussagen, wie etwa „das geht nicht" oder „ich schaffe das nicht". Sie machen immer weiter. Wenn es ihnen dabei nicht gut geht, weil sie sich ermüdet und erschöpft fühlen, schöpfen sie immer wieder neue Kraft, um weiterzumachen. Sie achten gar nicht darauf, dass ihnen eventuell ihre Aktivität oder Tätigkeit keine Freude bereitet und ihnen ihre Lebensenergie raubt. Sie machen auch am Rande eines Zusammenbruchs noch weiter.

Erst wenn es tatsächlich gar nicht mehr weitergeht, wenn sie am Boden liegen, ohne jegliche Energie, fast kollabiert sind, bemerken sie ihre eigenen Grenzen. Doch auch dann können sie nicht loslassen und versuchen, ihre letzten Kräfte zu mobilisieren. Sie können eine natürliche Schwäche, eine Erschöpfung resultierend aus ständiger Kämpferhaltung, nicht akzeptieren. Sie bekämpfen diesen negativen Zustand. Anstatt ihn zu verstehen und den Fokus auf die eigenen Stärken zu lenken – auf Mut anstatt Tapferkeit – bekämpfen sie die Schwäche. Es ist ein seltsamer Kampf innerhalb der eigenen Kräfte!

Die Essenz Oak lehrt diese tapferen Kämpfer, endlich loszulassen. Sie hilft diesen Menschen, aus dem Hamsterrad der Pflichten herauszukommen und auf die eigene Lebensenergie und Kraft zu achten. Sie bemerken schnell, wie unflexibel sie waren und in den eigenen Pflichten und Mustern stecken geblieben sind. Durch die Einnahme dieser Essenz gewinnen sie Spontanität und Vitalität. Die Verantwortungen werden aus einem neuen Blickwinkel betrachtet.

BESONDERE MERKMALE:

Die Essenz Oak empfiehlt sich für alle, die schon lange ihre alten Muster aufgeben möchten.

Es kann sich um alte Gedankenmuster handeln, wie zum Beispiel eine Überzeugung nach dem Motto: „Egal, was ich mache, ich bin nicht gut genug." Oder: „Ich kann niemals Erfolg in meinem Leben haben, ich bin kein Glückspilz." Aber auch um eingeprägte Verhaltensmuster, die nach Gewohnheit verlaufen: „Das ist so." Oder: „So haben wir es schon immer gemacht." Diese Muster halten einen Menschen immer in der gleichen Bahn. Sie bieten zwar eine gewisse Sicherheit, doch nach einer bestimmten Zeit führt diese zu einer Starre. Es erinnert an das Gefühl von „Lebensmüdigkeit" – alles verläuft stets gleich, und zur Not kämpft man sich durch.

Oak ist daher die Basisessenz, wenn es um das Thema Loslassen geht. Sie schenkt Motivation und Mut, um aus eingefahrenen Mustern oder dem Hamsterrad herauszukommen und wieder Lebensfreude im eigenen Dasein zu empfinden.

23 ❁ OLIVE – Olive

In der heutigen schnelllebigen und leistungsorientierten Zeit beschweren sich viele Menschen über Erschöpfung und Müdigkeit. Für sie ist die Essenz Olive geeignet. Diese Menschen leiden physisch und geistig an Energiemangel. Sie fühlen sich ausgebrannt und empfinden keine Kraft mehr, weiter ihre Aufgaben zu erledigen. Solch ein Zustand tritt häufig in einer Lebensphase auf, in der man all seine Kraft und Konzentration auf ein Ziel fokussiert hat. Kaum hat man es erreicht, empfindet man eine tiefe Müdigkeit.

Müde und erschöpfte Menschen spüren keine Freude mehr an ihrer Arbeit. Sie fühlen sich zwar verpflichtet und gedrängt weiterzuarbeiten, haben aber kein wirkliches Interesse mehr an dem, was sie machen. Ihre Kräfte sind vollkommen erschöpft. Da ihnen Kraft fehlt, empfinden sie keine Lebensfreude, und das ist auch der Grund, warum sich erschöpfte Menschen manchmal unglücklich fühlen. Ihre Lebensenergie ist zu schwach, sie fühlen sich einfach ausgelaugt.

Als Folge rebelliert der Körper und reagiert oft mit Kopfschmerzen, zitternden Händen, schwachen Beinen oder Müdigkeitsanfällen – und das oft genau in jenen Momenten, in denen man es am wenigsten gebrauchen kann. Manchmal tritt aber auch Haarausfall auf oder Augenringe und eine matte Gesichtsfarbe. Nicht selten kehren Erkältungen, Schnupfen oder andere bakterielle Erkrankungen immer wieder zurück. Das Immunsystem ist nachhaltig geschwächt. Die seelische und körperliche Verausgabung kann auch Schwierigkeiten beim Einschlafen verursachen und in extremen Fällen zu Schlafstörungen führen.

Solche Situationen kennen alle Menschen, die lange mit einem Problem gekämpft und nicht auf ihre Kraftreserven geachtet haben. Zu viele Verpflichtungen und zu viele Herausforderungen treiben heute die meisten Menschen an. Nur wenige von diesem Dauerstress Betroffene sind sich darüber im Klaren, dass Ruhephasen ebenso wichtig sind wie die Berge an Arbeit, die man zu erledigen hat. Auch nach der Überwindung einer schweren Krankheit fühlt man sich physisch schwach und instabil, und die Ruhephase ist notwendig, um die physischen sowie seelischen Kräfte zu erneuern.

Die Essenz Olive hilft jenen, die am Ende ihrer Kräfte sind. Sie stärkt, wenn man glaubt, keine Kraft mehr zu haben, wenn man nur noch Erschöpfung und Müdigkeit auf allen Ebenen fühlt. Die Essenz Olive wirkt wie eine Energiebombe. Sie erneuert die physischen und geistigen Kräfte, schenkt Vitalität und fördert damit auch ein neues Interesse am Leben. Hier liegt aber eine Gefahr: Man neigt dazu, immer in Krisenzeiten die Bach-Blüten-Essenz zu benutzen, um fehlende Kräfte aufzubauen und im gleichen Tempo weiterzumachen. Das ist aber nicht der Sinn dieser Essenz. Sie unterstützt zwar unseren Energieaufbau, aber auch den Energieausgleich, indem man sich die nötigen Ruhephasen gönnt, um die eigene Lebenskraft im Fluss und Gleichgewicht zu halten. Sie lehrt uns, achtsam mit den Körpersignalen umzugehen, besonders in angespannten Situationen, in denen es wichtig ist, auf den eigenen Körper zu hören und sich die nötige Ruhe und den nötigen Abstand von der Situation zu gönnen.

Die Essenz Olive ist ebenfalls keine typische Charakteressenz. Jeder kann von ihr profitieren, dem es an physischer oder geistiger Energie mangelt. Sie hilft in Zeiten emotionaler Erschöpfungszustände, wie etwa in Beziehungskrisen oder bei Arbeitskonflikten, da sie physische Kräfte wiederaufbaut. Sobald man sich körperlich stabil fühlt, lassen sich auch geistige Kräfte wieder aufladen.

In Phasen der Rekonvaleszenz schenkt diese Essenz Kraft, bringt innere Stabilität zurück und hilft dabei, sein ganzes Potenzial zu verwirklichen. Nach einem erschöpfenden Arbeitstag verleiht Olive Ruhe und Gelassenheit. Auch ein erholsamer Schlaf wird wieder möglich. Sehr hilfreich ist die Essenz für alle, die im Pflegedienst arbeiten oder einen kranken Menschen zu Hause pflegen. Sie bringt Kraft zurück, wenn man sich bei solchen Tätigkeiten ausgebrannt fühlt.

BESONDERE MERKMALE:

In meiner Praxis wende ich die Essenz Olive häufig bei Klienten mit chronischen und lange andauernden Krankheiten an. Sie fühlen sich erschöpft und geben selber zu, nicht mehr die nötige Energie zu haben, um ihre eigenen Selbstheilungskräfte in Gang zu setzen. Die Krankheit hat ihr ganzes Reservoir an Kraft ausgeschöpft. Es kostete ihre gesamte Aufmerksamkeit, diese zu besiegen. Nach der ersten Einnahmephase der Essenz Olive, die ungefähr 10-14 Tage dauert, berichten die Klienten, dass sich ihre Lebensenergie erfrischt und sie auch mehr physische Kraft in ihrem Körper wahrnehmen. Allgemein fühlen sie sich nicht so matt und interesselos. Sie sind zuversichtlich, was die Genesung betrifft, und die Aufmerksamkeit ist nicht mehr bei der Krankheit, sondern bei der Gesundheit. Statt die Lebenskraft für einen Kampf anzusetzen, werden Selbstheilungskräfte aktiviert und eine positive Gesundheitsperspektive erschaffen. Was einem guttut und das Herz erfreut, wird unterstützt. Nach meinen persönlichen Beobachtungen entspricht die Essenz Olive vollkommen der Philosophie der Salutogenese.

Auch in der Literatur über Bach-Blüten findet man viele Beispiele, in denen die Essenz Olive erfolgreich als unterstützendes Therapiemittel bei Krebspatienten eingesetzt wird. Olive ist kein Heilmittel für Krebs, das muss hier klar gesagt sein! Sie ist vielmehr ein unterstützendes Mittel bei vielen Formen von Krebserkrankungen, da sie dem Patienten geistige und seelische Hilfe gibt, wenn die Lebensenergie durch Kummer oder Trauer stagniert und sie sich in verschiedenen Phasen der klassischen Therapie (wie etwa Chemo- oder Strahlentherapie) kraftlos fühlen. Es ist wichtig zu wissen, dass die Essenz Olive – wie auch alle anderen Bach-Blüten-Essenzen – nicht die notwendige und wichtige medizinische Versorgung ersetzen!

Besonders gut eignet sich die Essenz Olive auch nach der Einnahme von Antibiotika. Zusammen mit Crab Apple baut sie wieder neue Energie im Körper auf.

24 ❁ PINE – Schottische Kiefer

Die Essenz Pine benötigen Menschen, die sich stets Vorwürfe machen und sich immer schuldig fühlen. Sie haben eine strenge Moralvorstellung, hegen hohe Ideale und versuchen, diese stets in ihrem Leben zu verwirklichen. Ist das nicht möglich, aus welchen Gründen auch immer, fühlen sie sich schuldig. Das Schuldgefühl der Pine-Typen geht so weit, dass sie sich nicht nur für das eigene Verhalten schämen und beschuldigen, sie fühlen sich darüber hinaus auch schuldig für das Verhalten der anderen. Pine-Charaktere fühlen sich im Vergleich zu ihren Mitmenschen weniger wertvoll. Sobald die Pine-Charaktertypen etwas machen, womit ein Mitmensch unzufrieden ist, entschuldigen sie sich permanent und schämen sich sogar für die eigene Unvollkommenheit. Das verursacht eine gewisse Starre in ihrem Verhalten. Sie können nicht einfach und authentisch leben, weil sie überzeugt sind, nicht zu genügen. Diese anerzogene Überzeugung tritt durch jene Beziehungen zutage, in denen man nicht geschätzt oder akzeptiert wurde, oder in jenen Beziehungen, die durch verbale oder körperliche Gewalt geprägt waren. Der Betroffene entwickelt als Schutzschild Schuldgefühle in schmerzhaften Auseinandersetzungen, beispielsweise bei den Verhältnissen im Elternhaus, in der Partnerschaft, Kameradschaft oder in Interessengruppen.

Schuldgefühle wirken wie eine Bremse. Der Betroffene kann sein Leben nicht richtig genießen und aus voller Kraft leben. Seine Vorstellung ist, dass er das nicht darf, weil er es nicht verdient hat. Er grenzt sich selber vom Fluss des Lebens ab, aber in seinem blockierten Zustand bemerkt er es nicht. Seine Abgrenzung kann auch zu selbstzerstörerischen Tendenzen führen, wie etwa Zwangsverhalten oder Essstörungen.

Im negativen emotionalen Zustand fallen Pine-Charaktertypen häufig in eine selbstauferlegte Opferrolle. Sie leiden unter der eigenen Unvollständigkeit und übernehmen gerne Verantwortung für das Verhalten der anderen. Sie sind überverantwortlich in jeder Hinsicht! Das beweisen jene kritischen Beziehungssituationen, in denen ein Partner erkrankt ist und der andere sich dafür schuldig fühlt, da er – gemäß seiner Überzeugung – nicht gut genug für das Wohlbefinden des Partners gesorgt hat. Anstatt den Partner zu unterstützen, blockiert man sich selbst mit Schuldgefühlen und unnötigen Gedanken darüber, was man besser machen könnte. Typisch für Pine-Charaktere sind auch jene Fälle, in denen sich die Kinder für das Verhalten ihrer Eltern verantwortlich fühlen – diese Rolle übernehmen die Kinder unbewusst. Sie suchen nach Liebe und Harmonie im Elternhaus, und wenn es stattdessen zu Konflikten bei den Eltern kommt, übernehmen die Kinder die Verantwortung dafür, da sie noch nicht erkennen können, dass die Konflikte, wie etwa Trennungen oder Abhängigkeiten, allein den Eltern gehören und demnach auch von ihnen selbst gelöst werden müssen.

Es gibt verschiedenste Formen von Schuldgefühlen, die alle aufgrund hoher Erwartungen und moralischer Vorstellungen entstehen – und letztendlich auch aus mangelnder Selbstwertschätzung und Selbstliebe. Keiner von uns ist fehlerfrei und perfekt – im negativen emotionalen Zustand sieht es der Pine-Charakter aber nicht. Er leidet unter den eigenen Fehlern, übernimmt oft auch Verantwortung für die vermeintlichen Fehler der anderen. Anstatt offen miteinander zu kommunizieren und nach einer

Lösung zu suchen, schottet er sich ab und leidet unnötig unter Gewissensbissen.

Pine hilft allen Menschen, die unter Schuldgefühlen leiden, diese mit Abstand und realistisch zu reflektieren sowie zu verstehen. Anstatt zu trauern und zerstörerische Züge sowie Unzufriedenheit und Selbstzweifel zu entwickeln, lernt man, aus welchen Gründen diese Gedanken über die eigene Schuld entstanden sind. Der Blick auf die eigene Situation, die eigene Opferhaltung, ermöglicht es, eine wahrhaftige Verantwortung für sich selbst und sein Verhalten zu übernehmen. Diese Verantwortung hilft dabei, in den entsprechenden Situationen sich selbst eventuell auch verteidigen zu können und authentisch für die eigenen inneren Werte einzustehen.

BESONDERE MERKMALE:

Die Essenz Pine hat sich als unverzichtbar in jenen Ablösungsprozessen gezeigt, in denen es um Vergeben oder Verzeihen geht. Viele Pine-Typen tragen jahrelang ungelöste Beziehungskonflikte mit sich herum, die im Inneren weiterhin Trauer und Schmerz binden. Bevor man anderen vergibt, sollte man sich selbst vergeben. Hier baut Pine eine unsichtbare, aber starke Brücke, um die eigenen Emotionen anzunehmen sowie Akzeptanz und Liebe in sich wiederzufinden. Der ganze Ablösungsprozess benötigt Zeit und nicht selten auch eine feinfühlige therapeutische Begleitung.

Ein schlechtes Gewissen über das eigene Verhalten sowie Versagensängste können sehr stark in einem Menschen wirken und dessen gesunden Zugang zur Realität blockieren. Die Essenz Pine ist ein hilfreiches Mittel, um diese innere Zerrissenheit in sich zu heilen und sich bewusst und verantwortungsvoll den Herausforderungen des Lebens zu öffnen.

Auch bei lange andauernden Krankheiten, in denen sich der Patient als Last für seine Umgebung empfindet, hilft Pine, unnötige Selbstvorwürfe zu beruhigen und die eigene Situation in ihrem Zustand zu akzeptieren, um Selbstheilungskräfte weiterhin wirken zu lassen.

25 ❁ RED CHESTNUT – Rotblühende Kastanie

Im Leben jener Menschen, die sich im negativen emotionalen Zustand von Red Chestnut befinden, geht es in erster Linie um die Mitmenschen. Die Red Chestnut-Charaktere leiden an übertriebener Sorge sowie Angst um ihre Liebsten. In diesen Beziehungen steht an erster Stelle die Sorge um das Wohl der anderen. Die Red Chestnut-Typen erwarten keine Gegenleistung und drücken Liebe und Zuneigung durch ängstliche Fürsorge aus. Sie meinen, sich zu sorgen sei natürlich und liebevoll. Sie bemerken jedoch nicht, dass durch übertriebene Sorge und Angst Blockaden hervorgerufen werden, welche beengend auf alle Beteiligten wirken. Freude am Zusammensein können sie nicht wirklich genießen, da sich immer wieder ängstliche Gedanken hereinschleichen.

„Wenn ich mich nicht sofort nach einer Reise bei meiner Mutter melde, wird sie fast panisch, dass mir etwas passiert sein könnte, und ruft ständig an. Es ist so nervig“, sagte eine 38-jährige Managerin.

„Ich mache mir immer Sorgen um meinen 80-jährigen Vater. Er lebt allein, und wenn ihm etwas passiert, hat er niemanden in seiner Nähe, der ihm helfen kann. Ich habe seine Telefonanlage so organisiert, dass er überall aus der Wohnung telefonieren kann, und ich bin auch für ihn immer erreichbar. Mein Handy ist nie aus, das wäre unvorstellbar. Ich fühle mich ständig unter Strom und möchte mir nicht ausmalen, was ich machen müsste, wenn ihm wirklich etwas passiert“, erzählte eine Klientin.

Red Chestnut-Charaktere möchten zwar das Beste für ihre Liebsten, sehen dabei aber pessimistisch in die Zukunft. Ihre größte Sorge ist, dass ihren Lieblingsmenschen etwas Schlimmes zustoßen könnte. Sie verbreiten damit nur Anspannung und Unsicherheit. Um diesen Zustand zu überwinden und sich zu beruhigen, kreisen ihre Gedanken ständig um Indizien, die das Gegenteil ihrer Ängste anzeigen. Sie telefonieren ihren Kindern – oder auch Eltern – hinterher und malen sich Horror-Szenarien aus, die unbedingt vermieden werden müssen. Deshalb erteilen sie Verbote, um die Liebsten in einer imaginären Sicherheitszone zu halten. Das „Böse der Welt“ darf dort nicht hinein. Die Red Chestnut-Typen bemerken nicht, dass sie sich dabei recht schnell in das Leben und in die Freiheit der Mitmenschen einmischen – auch wenn es nicht böse gemeint ist.

Wenn jemand aus ihrem Familienkreis oder ein ihnen nahestehender Mensch erkrankt, geraten sie in Mitleid und fast in Not. Sie sind überempfindlich und interpretieren jedes Zeichen der Krankheit als ein großes Problem; sie haben eine vollkommen pessimistische Perspektive eingenommen. Darin existiert kein Vertrauen in ihre Selbstheilungskräfte, sondern allein die Angst um den erkrankten lieben Menschen. Der Kranke fühlt sich dadurch belastet, da er sich damit beschäftigen muss, die Sorgen des Red Chestnut-Typen fernzuhalten, anstatt sich auf seine Genesung konzentrieren zu können.

Besonders kritisch ist diese Situation, wenn es um Eltern und ihr erkranktes Kind geht. Sie geraten in einen Zustand der Überempfindlichkeit und sind pausenlos besorgt darüber, ob die gewählte Therapie die richtige ist. Red Chestnut-Eltern neigen zu einer Art „Übertherapie“, weil sie das Kind unbedingt vor allen Leiden beschützen wollen. Aufgrund ihrer übermäßigen Ängste sind die Eltern eine Belastung für das Kind, das vielmehr Zuversicht und liebevolle Pflege benötigt, anstatt übermäßiger Sorge und Angst.

Die Essenz Red Chestnut löst bei den Betroffenen die ängstlichen Anspannungen. Auch wenn der sich sorgende Mensch meint, seine Ängste seien normal und er sie als Ausdruck von Zuneigung und Liebe sieht, blockieren sie ihn, weil er die Situation nicht realistisch einschätzen kann. Durch die Einnahme von Red Chestnut entspannt sich sein Denken, und seine pessimistischen Erwartungen beruhigen sich. Anstatt Mitleid empfindet er nun Mitgefühl für seine Mitmenschen und hilft da, wo es wirklich nötig ist.

BESONDERE MERKMALE:

Die Essenz Red Chestnut ist geeignet für alle, die sich in Beziehungskrisen befinden und das Gegenüber nicht freilassen können. Es kann sich um einen Partnerschaftskonflikt handeln, Missverständnisse in Eltern-Kinder-Beziehungen oder auch um Rivalität zwischen Kollegen. In einem Beziehungskonflikt tragen beide Seiten Sorgen um die weitere Entwicklung und empfinden Ängste, was das Verhalten des anderen betrifft.

In Beziehungskrisen wirkt Angst als blockierender Faktor. Die Angst, den Partner zu verlieren und den Alltag alleine meistern zu müssen, die Angst, dem Partner nicht zu genügen, die Angst, bei einer Scheidung das Kind zu verlieren – solche Ängste blockieren den Weg, wenn man in einer Krise nach einer Lösung sucht. Red Chestnut hilft, in Beziehungskrisen einen realistischen Blick zu bewahren und dem Gegenüber seinen Freiraum und seine Verantwortung für sich selbst zu lassen. Starre Anbindungen lösen sich, und jeder kann sich auf das Wesentliche und Kreative in der Beziehung konzentrieren.

Als hilfreich hat sich die Essenz Red Chestnut in Konflikten zwischen Eltern und Jugendlichen während der Pubertät erwiesen.

Sie hilft den Eltern, ihre übermäßigen Sorgen loszulassen und den Jugendlichen die Verantwortung für sich selbst einzuräumen. Nur so können die jungen Leute ihre Erfahrungen sammeln und den Eltern gegenüber offen bleiben.

26 ❁ ROCK ROSE – Gelbes Sonnenröschen

Diese Essenz ist für alle Situationen geeignet, in welchen man mit panischer Angst reagiert. Sobald man sich bedroht fühlt und unerwartet mit einer äußerst unangenehmen Situation konfrontiert wird, löst dies sofort panische Angst aus. Es ist eine instinktive Schutzreaktion auf die neuen, unerwarteten negativen Umstände. Die betroffenen Menschen fühlen sich in ihrer Sicherheit bedroht und sind nicht in der Lage, anders als ängstlich oder gar panisch zu reagieren.

Edward Bach hat in einer kleinen Studie die Essenz Rock Rose wie folgt beschrieben:

„Dies ist das Erste-Hilfe-Mittel. In Fällen großer Dringlichkeit und Gefahr. Immer, wenn die Lage verzweifelt ist. In allen Fällen von Lebensgefahr. Wenn der Patient verängstigt oder in Panik ist. In Fällen, in denen alle Hoffnung verloren ist. Wenn Gefahr für den Verstand besteht, wenn Selbstmord oder Wahnsinn droht, Nervenzusammenbruch, Todesangst oder hoffnungslose Depression.“

In einem Zustand von Panik ist die Einheit zwischen Körper und Geist zerstört, und der Mensch reagiert mit Schreck und Verzweiflung. Seine Lebensenergie ist fast wie eingefroren, und der Betroffene fühlt sich äußeren Einflüssen und Impulsen komplett ausgeliefert. So kommt es in panischen Zuständen oftmals auch zu ungewöhnlichen Körperreaktionen wie Herzrasen, Zittern, Bauchkrämpfen oder Durchfall. Mit Panik stehen Unfälle und Katastrophen in Verbindung, aber auch im alltäglichen Leben kann es genügend Situationen geben, in denen man mit panischer Angst reagiert. Dazu gehört zum Beispiel die weit verbreitete Angst vor Spinnen oder anderen Tieren, die Panik vor Dunkelheit, vor dem Scheitern, vor dem Tod oder vor Suizidgedanken. Wo sich ein Mensch in seiner Freiheit und Sicherheit bedroht fühlt, kann eine Panikattacke auftreten. Sie ist ein Zeichen dafür, dass der Mensch nicht über genügend Resilienz oder geistige Abwehrkraft verfügt.

Panik kann ein echtes Hindernis auf dem Weg der Genesung sein. Bei Krankheiten, die sich durch Krämpfe und Anfälle zeigen, hat der Erkrankte oftmals mehr Angst vor sich wiederholenden Anfällen als vor der Krankheit selbst, wie etwa bei Epilepsie, Allergien oder schwerer Bronchitis. Sie lassen ihre gesamte Aufmerksamkeit von Angst oder Panik einnehmen, anstatt sich auf die Heilung zu konzentrieren! In diesen Fällen lassen die Patienten es zu, dass sich die Heilung der Angst unterwirft. Der Leidende verkrampft sich in der Vehemenz, den Anfall zu stoppen und ihm nicht mehr ausgeliefert zu sein, anstatt die Ursache der Krankheit zu verstehen und diese zu heilen. Hier kann die Essenz Rock Rose eine wichtige Aufgabe erfüllen, um sich zu entspannen und umzudenken, was Panik und Angst betrifft. Der Leidende kann durch die Einnahme von Rock Rose seine Abwehrkräfte besser einsetzen – für seine vollkommene Genesung. Das stärkt Zuversicht und gibt Hoffnung.

Rock Rose hat sich auch als hilfreich bei Albträumen erwiesen, besonders bei kleinen Kindern, die nachts mit einem Schreck und heftigem Weinen aufwachen und nicht weiterschlafen können. Auch übermäßiger, lange andauernder Stress des heutigen modernen Lebens führt dazu, dass die Menschen immer sensibler werden und auf unerwartete Impulse in unerwarteten Situationen mit Panik reagieren, wie etwa bei Umweltkatastrophen und anderen lebensbedrohlichen Situationen mit Gewalteinwirkung. Zur Heilung und für den psychologischen Aufbau nach solchen Erlebnissen ist die Essenz Rock Rose ein unterstützendes Mittel. Auch deswegen ist sie ein Bestandteil der bekannten Notfalltropfen.

Die positive Wirkung von Rock Rose zeigt sich in Panik- und Krisensituationen, in denen sie dem Betroffenen hilft, seine innere Kräfte zu aktivieren und die schwierige Situation – so gut wie möglich – ohne blockierende Spuren eines Traumas zu überstehen. Sie unterstützt Tapferkeit und verleiht Mut, die Probleme im Notfall lösen zu können.

BESONDERE MERKMALE:

Gefühle von Panik sind heute sehr verbreitet, besonders durch Medien und soziale Netzwerke. Die schockierenden Bilder von Gewalt und Katastrophen, mit denen wir täglich konfrontiert sind, hinterlassen in unserem Unterbewusstsein Spuren und haben indirekten Einfluss auf unsere Wahrnehmung der gesamten Realität, von Sicherheit und Stabilität. Man muss nicht direkt einem Panikzustand ausgeliefert sein, es reicht schon, Nachrichten zu sehen und – plötzlich empfindet man Panik im Hinblick auf die Zukunft. Diese subtile Manipulation kann ziemlich stark wirken und die innere Ruhe rauben.

Wenn Viren oder Keime neue, unbekannte Krankheiten verursachen, verbreitet sich in der Gesellschaft eine unterschwellige Panik, was für die Pharmalobby ein gefundenes Fressen ist. Mit einem Angebot an verschiedensten – meistens natürlich teuren! – Impfungen versucht sie, die verängstigten Menschen zu beruhigen und Sicherheit zu verbreiten. Kurzfristig kann jeder Mensch durch unerwartete bedrohliche Informationen in Panik geraten. Die Essenz Rock Rose kann auch in solchen Situationen die Resilienz jedes Einzelnen stärken, ihm Klarheit und Mut schenken, um mit der Situation nach der eigenen inneren Gewissheit umgehen zu können.

27 ❁ **ROCK WATER** – Fels-Quellwasser

„*Disziplin ist alles!*“, könnte das Motto des Rock Water-Charakters sein, wenn er seine übertriebenen Moralvorstellungen als wichtigste Tugend in den Mittelpunkt des Lebens stellt. Sie haben große Ansprüche, hohe Ideale und tun alles dafür, diese zu erfüllen und vorzuleben.

Ein Klient, der sich für eine Familienaufstellung interessierte, erzählte im Vorgespräch seine Familiengeschichte. Jedes Ereignis ergänzte er mit der Information über seinen zu der Zeit aktuellen Lebensstil – eine Zeit lang war er überzeugter Buddhist, dann konsequenter Veganer. Das Interesse für eine Familienaufstellung resultierte aus seinen Sorgen darüber, dass seine Frau sich nach drei Jahren Ehe von ihm zurückgezogen hatte. Er wollte wieder eine kommunikative, mit Nähe erfüllte Beziehung mit ihr führen. „Ich versuche, ihr ein Vorbild zu sein. Ich kaufe alles ein, koche und kümmere mich um den Haushalt. Ich denke, so ist es besser. Gesunde Ernährung ist mir wichtig, und ich achte darauf, dass wir zu Hause immer nur gut, gesund und biologisch essen. Es sollte auch nicht zu viel sein, das Abendessen kann man auch mal auslassen. Meine Frau würde gerne öfter auswärts essen gehen, aber ich denke nicht, dass es gesünder ist, als das, was wir zu Hause zubereiten. Für mich wäre es nichts. Ich versuche, meine Frau auch zu gemeinsamen sportlichen Aktivitäten zu bewegen. Ich gehe einmal pro Woche zum Fitnesstraining, sie nicht. Manchmal habe ich den Eindruck, dass sie sich für meine wertvollen Unternehmungen gar nicht interessiert. Für mich ist mein Programm und eine feste Wochenplanung ganz wichtig und selbstverständlich.“

Dieser Klient hat sich als Rock Water-Charaktertyp entpuppt. Es sind sehr disziplinierte Menschen, die ihr Vorhaben konsequent verfolgen. Sie sind willensstark und unermüdlich dabei, ihren Weg zu gehen. Sie verfügen über enormes Pflichtgefühl, und in jeder Situation übernehmen sie die Verantwortung für sich selbst.

Es könnte bewundernswert sein, wie diszipliniert sie sind. Schon der Name der Essenz sagt viel über ihren Charakter: Stark wie ein Fels.

Rock Water-Charaktere fühlen sich oft isoliert, da ihre Idealvorstellungen und hohen Ansprüche mitunter anstrengend für die Mitmenschen werden. Die Rock Water-Typen üben zwar keinen direkten Zwang auf ihre Umgebung aus, jedoch wirken die Starrheit und fehlende Flexibilität zwanghaft. Es fehlt ihnen an Spontanität, Offenheit und Herzlichkeit. Die Worte „Lebensfreude" und „Genuss" fehlen in ihrem Vokabular.

Im negativen emotionalen Zustand bemerken Rock Water-Charaktertypen nicht, wie starr und asketisch sie leben. Der Tagesablauf ist vorgeplant, immer mit dem Bestreben, höchste moralische Werte zu erreichen. Wenn sie das nicht schaffen, bemängeln sie sich selbst. Sie sind echte Perfektionisten. Sie bemerken nicht, welchen Druck sie auf sich ausüben. Sie sind überzeugt davon, in ihrem Leben einen besonderen Pfad zur Wahrheit und Reinheit gefunden zu haben. Erst wenn sie sich allein und isoliert von ihrer Umgebung fühlen oder sich erste Krankheitssymptome wie Arthritis, Steifheit der Knochen und Gelenke zeigen, bemerken sie, dass sie womöglich etwas ändern sollten.

Die Essenz Rock Water hilft diesen Menschen, ihre starken Seiten, wie etwa Disziplin und Willenskraft, mit der im Inneren verborgenen Herzlichkeit zu verbinden. Das bereichert ihr Leben und eröffnet eine neue Dimension, in der sie sich wohlfühlen sowie von ihrer Umgebung angenommen werden. Sie sind kooperativ, anpassungsfähig und halten doch ihre Vorsätze und Pflichten ein. Im positiven emotionalen Zustand ist es eine Freude, mit diesen Menschen zu arbeiten, da sie stets ihr Wort halten und offen für die Meinungen der Mitmenschen sind – sie begegnen ihnen freundlich.

BESONDERE MERKMALE:

Perfektionismus ist das Wort, welches unser heutiges Leben kennzeichnet. Im 21. Jahrhundert streben viele Menschen nach einem perfekten Leben – Job, Aussehen, Gesundheit – alles soll perfekt sein. Entsprechend soll alles funktionieren – zumindest suggerieren das die Medien. Mit Disziplin erreicht man Perfektion, ein Leitsatz, nach dem man leben könnte. Disziplin bedeutet, Vorschriften zu folgen, in der Erwartung, dass die Gesundheit vollkommen wird, Erfolg eintritt, Glück gelebt werden kann, die Figur sich in eine schönere verwandelt, das Aussehen strahlender wird oder gar die ultimative Erleuchtung stattfindet. Besonders junge Menschen folgen gerne modernen Gurus oder erfolgreichen Unternehmensgruppierungen in verschiedensten Lebensbereichen. Sie unterziehen sich strengen Regeln und Dogmen, sind hart zu sich – mit der Vision, irgendwann auch ein perfektes Leben führen zu können. Dogmen finden in unserer mediengespeisten Gesellschaft den optimalen Nährboden in Bereichen wie Ernährung, Religion und Gesundheit.

Rock Water kann hilfreich sein, um bestimmte Dogmen im eigenen Leben zu überprüfen, wenn man bemerkt, dass im Leben Freude und Offenheit fehlen. Hinter jedem Dogma steckt ein Gedankengut, welches oft nicht mit der Frequenz des eigenen Herzens harmoniert.

28 ❁ SCLERANTHUS – Einjähriger Knäuel

Das heutige Leben zeichnet sich durch eine Mannigfaltigkeit an Möglichkeiten und Angeboten in allen Bereichen aus. Was für viele ein Zeichen von Freiheit ist, kann für andere zur Qual werden. Menschen, die unter dem negativen emotionalen Zustand der Essenz Scleranthus leiden, haben große Schwierigkeiten, sich entscheiden zu können. Entscheidungen versetzen sie in Unsicherheit, sie fühlen sich innerlich zerrissen und sind sich unklar darüber, welche der Möglichkeiten sie wählen sollen. Die Qual kann so stark sein, dass sie die Entscheidung nicht treffen können und sich unzufrieden von den geplanten Aktivitäten zurückziehen. Ihre Unentschlossenheit und Instabilität macht sie nervös. Sie sind gereizt, und ihre Unsicherheit erschöpft sie.

„Viele sind neidisch auf mein Leben. Ich bin Student, und im Nebenjob verdiene ich genug Geld, um zweimal pro Jahr mit meiner Freundin eine längere Reise in exotische Länder zu unternehmen. In unserer Studentenzeit wollen wir die Welt bereisen und das Leben aus einer anderen Perspektive sehen. Nur jedes Mal, wenn wir die Reise planen und vorbereiten, ist es für mich echt ein Problem. Ich fühle mich unter Druck gesetzt, ob ich tatsächlich verreisen oder lieber mehr arbeiten und studieren sollte. Es gibt für das Studium immer etwas nachzuarbeiten. Dann müssen wir die Entscheidung treffen, wohin wir fahren möchten. Würde meine Freundin es nicht durchziehen, ich würde jede Reise absagen. Seit langer Zeit zieht sich dieses Problem durch mein Leben. Ich hatte bis jetzt Glück, dass meine Liebsten die Entscheidungen treffen. Für mich ist es schrecklich; ich gerate unter absoluten Druck und Anspannung. Eine klare Position zu beziehen, wenn ich innerlich zerrissen bin, ist unmöglich. Ich denke immer, dass es auch anders oder besser kommen kann, und stelle den Zeitpunkt der Entscheidung infrage. Manchmal kann ich nicht schlafen, weil ich permanent über die Vor- und Nachteile einer Entscheidung nachdenken muss.“ Das ist der Fall eines Klienten, der präzise den negativen emotionalen Zustand der Essenz Scleranthus beschrieben hat.

Es ist nicht selten, dass diese Menschen Extreme anziehen, weil sie nicht wissen, was sie wirklich wollen, und sich überhaupt nicht in ihrer Mitte verankert fühlen. Sie schwanken in ihrer Resonanz hin und her – und doch scheint alles wichtig zu sein, nichts soll vernachlässigt werden. Dieses sprunghafte Verhalten kostet sie sehr viel Kraft und Energie, und wenn sie sich erschöpft fühlen, sind sie unkommunikativ und nicht bereit, sich für eine Sache zu engagieren. Wie ihr Verhalten schwankt auch ihre Stimmung – innerhalb eines weiten Spektrums von Begeisterung, Melancholie und Lustlosigkeit sind sie schnell unterwegs. Trotzdem versuchen sie jedes Mal, sich neu zu orientieren und zu entscheiden – mit dem Willen, dabei zu bleiben. Weil ihnen die innere Sicherheit und Stabilität fehlt, dauert es nicht lange, und sie befinden sich wieder in demselben Hamsterrad voller Unentschlossenheit, Unsicherheit und Zögern.

Die Essenz Scleranthus hilft diesen Menschen, ins Gleichgewicht zu kommen. Sie unterstützt innere Stabilität, damit man ohne Zögern und inneren Druck klar seine Position einnehmen und eine Entscheidung treffen kann. Scleranthus-Charaktertypen sind offene Menschen, die spontan und flexibel ihre Ziele verfolgen. Wenn sie manchmal noch Zeit für eine Entscheidung benötigen, dann dafür, dass sie ihre innere Weisheit und Stabilität befragen können und sich führen lassen, anstatt von vielen äußeren Impulsen in Zerrissenheit zu geraten.

BESONDERE MERKMALE:

Die Essenz Scleranthus ist ein Basismittel für das neue Krankheitsbild, das unsere moderne Gesellschaft alltäglich prägt: FOMO (Fear of missing out), das ist die Angst, etwas zu verpassen. Experten kennen diese Krankheit als *Millennia-Krankheit*. Sie betrifft meistens junge Menschen, aber auch die ältere Generation bleibt mittlerweile nicht mehr davon verschont. Durch zahlreiche Möglichkeiten kann ein innerer Druck entstehen, aus Angst, etwas zu verpassen, wenn man nicht teilnimmt. Dabei geht es nicht nur um Veranstaltungen und Treffen in der Öffentlichkeit, sondern vorwiegend um die eigene Präsenz im Netz. Man hat plötzlich das Gefühl, überall dabei sein, allen Informationen und dem neusten Trend nachjagen zu müssen. Der Blick auf das Smartphone wird zum Zwang, jedes aktuelle Geschehen sofort geteilt, kommentiert und weitergeleitet, ob es nun das eigene Leben oder das der Mitmenschen betrifft. Bei dieser Jagd will man sich nicht binden, offenbleiben und weitersuchen, denn es könnte ja noch etwas Besseres gefunden werden. Dabei hat man längst aus den Augen verloren, was das Beste für einen selbst ist. Unbemerkt wächst innerer Druck, und es entsteht vollkommene Abhängigkeit von der Meinung der anderen. Diese Informationsflut und die Unfähigkeit, sich für eine Richtung oder eine Meinung zu entscheiden (Warum eigentlich nicht die eigene Meinung wählen?), verursacht Müdigkeit und Zerrissenheit. Die Angst, etwas zu verpassen, führt womöglich zur Depression.

Die Essenz Scleranthus ist ein starkes Mittel, um innere Zerrissenheit und Ungleichgewicht zu mildern, um die innere Stabilität wiederzufinden. Sie hilft im Falle des Krankheitsbildes FOMO, zu sich zurückzufinden und die Angst, etwas zu verpassen, aus der inneren Mitte anzuschauen.

29 ❁ STAR OF BETHLEHEM – Doldiger Milchstern

„Für Menschen in großer Not, in Lebensumständen, die einen für eine gewisse Zeit sehr unglücklich machen. Der Schock durch eine schlimme Nachricht, der Verlust eines geliebten Menschen, die Angst nach einem Unfall und ähnliches. Dieses Mittel bringt Erleichterung für Menschen, die sich eine bestimmte Zeit nicht trösten lassen wollen.“ Das ist die Beschreibung der Essenz *Star of Bethlehem* von Dr. Edward Bach.

Star of Bethlehem ist eine spezielle Essenz, welche alle Arten von Schocks, Traumata und posttraumatischen Situationen behandelt. Die Reaktionen von Menschen, die unter Schock stehen, sind zwar unterschiedlich, weisen aber alle etwas Gemeinsames auf: Das Schockerlebnis überwältigt den Menschen. Es trennt ihn manchmal weitestgehend von seinen Sinneswahrnehmungen ab und trübt sein gesamtes Bewusstseinsfeld. Manchmal dauert es nur eine kurze Weile, manchmal allerdings ist die Verarbeitung eines Schockerlebnisses ein langwieriger Prozess.

Eine Schocksituation ist mit Trauer, Angst, Enttäuschung und Schmerz verbunden. Man ist durch den ersten Schreck aus der Flexibilität des Alltags unerwartet in eine Starre geraten. Ein Schock verursacht auf der psychischen und seelischen Ebene eine Blockade, die sich auch körperlich bemerkbar machen kann. Oft denkt man, den Schock längst überwunden zu haben, doch dann zeigen eine starre Körperhaltung, Herzrhythmusstörungen, Atemprobleme, eine veränderte Stimme oder plötzliches Stottern bei einer Anspannung, wie tief ein Schock im Gedächtnis von Körper, Geist und Seele verankert ist.

Wenn eine schwere körperliche Verletzung oder eine akute Krankheit einen Menschen in Schockstarre versetzt und er versucht, so schnell wie möglich aus der Situation herauszukommen, um „normal“ weiterzuleben, können sich Folgen von solchen Erlebnissen auf der psychischen und seelischen Ebene später als posttraumatische Belastungen manifestieren.

Schocks und traumatische Erlebnisse können verschiedene Ursachen haben. Es muss sich dabei nicht immer um regelrechte Tragödien und Unglücke handeln. Eine schlechte Nachricht, eine unerwartete negative Entscheidung, der Verlust des eigenen Arbeitsplatzes oder ein Schicksalsschlag bei einem nahestehenden Menschen können genügen, um gravierende Spuren zu hinterlassen, denn es handelt sich immer um emotional aufwühlende Situationen. Auch wenn viele Menschen versuchen, gerade in solchen Situationen klar und vernünftig zu handeln, hinterlassen diese Momente dennoch einen starken Eindruck in der menschlichen Psyche. Wenn man in diesem Moment versucht, seine Emotionen zu unterdrücken, um die Situation schnell und gut in den Griff zu bekommen und hinter sich zu lassen, wird sich irgendwann die negative Auswirkung eines solchen Handelns zu erkennen geben. Meistens wird sie sich als seelischer Schmerz zeigen, der die innere Stabilität und Ausgeglichenheit empfindlich zu stören vermag.

Star of Bethlehem behandelt Situationen, in denen man neu im Schockzustand ist oder noch unter den Folgen eines früher erlebten Schocks leidet. Diese Essenz behandelt jene Emotionen, die mit solchen Erlebnissen verbunden sind und für welche während des akuten Geschehens nicht genügend Zeit und Achtsamkeit gegeben war, um sie bewusster wahrzunehmen. Diese Essenz ist hilfreich für alle, die Altlasten, Traumata oder schwere Erinnerungen in sich tragen und sich davon nicht befreien können. Es erfordert einen gewissen Mut, um sich wieder für diese alten Schmerzen zu öffnen, sowie Geduld und Verständnis, um mit diesem Prozess heilsam umzugehen. Durch die achtsame Bearbeitung solcher Erinnerungen kann die Lebensenergie wieder ungehindert und harmonisch fließen. Man lernt dabei auch Neues über den Sinn des Lebens und die schicksalhaften Begebenheiten des Alltags. Man beginnt, das Geschehene allmählich zu verstehen, und schaut auf seine eigene Situation aus einem neuen Blickwinkel.

Star of Bethlehem unterstützt jeden, der den erlebten Schock oder das Trauma bewusst bearbeiten und sich von der angespannten Situation erholen will. Sie schenkt Trost und neutralisiert die Auswirkung eines Schocks. Wenn man eine erlebte Schocksituation bewusst ansehen und annehmen kann, überschatten eventuelle Blockaden nicht weiter die geistige und seelische Ebene. Der Mensch wird um eine Erkenntnis reicher. Seine Resilienz wird gestärkt. Die Essenz Star of Bethlehem ist auch ein Bestandteil der Notfall-Essenz.

BESONDERE MERKMALE:

Star of Bethlehem nimmt im Therapiesystem von Dr. Bach eine besondere Stellung ein. Ihm war bewusst, wie schädlich ein erlebtes und nicht bearbeitetes Trauma auf die Lebenskraft und Lebenseinstellung eines Menschen einwirken kann. Medizin und Psychologie haben sich erst später mit posttraumatischen Belastungen befasst. Die Essenz Star of Bethlehem befreit auch zusammen mit anderen wirksamen Therapien (damit sind keine Psychopharmaka gemeint!) den Leidenden von den Altlasten. Wiederkehrende Erinnerungen an das schlimme Erlebte verwirren das alltägliche Leben und halten den Betroffenen in Disharmonie und Zerrissenheit. Es ist nicht selten, dass sich dazu auch Symptome einer Depression zeigen, und es ist schwer, den Weg zu sich zurückzufinden. Andauernder Druck verursacht nicht nur psychischen Stress, sondern kann sich mit der Zeit auch als physische Krankheit manifestieren.

Die Essenz Star of Bethlehem ist ein Basismittel für die reinigende und befreiende Arbeit von alten, unangenehmen, blockierenden Lasten. Sie können dem Betroffenen bewusst sein, und doch benötigt er eine Hilfe von außen. Sie können verdrängt worden sein, und der Betroffene kann sie noch nicht richtig benennen, aber er spürt, dass er in seinem Leben blockiert ist. Diese starre Lebenshaltung und Lebenserwartung wird durch die Essenz Star of Bethlehem gemildert. Der Mensch bekommt wieder die Möglichkeit, aus sich selbst heraus sein Leben zu gestalten, im Vertrauen, dass jedes Geschehen seinen Sinn hat.

30 ❁ SWEET CHESTNUT – Esskastanie/Edelkastanie

Der Name der Essenz Sweet Chestnut oder Edelkastanie beinhaltet die Worte „süß" (im Englischen) und „edel" (im Deutschen). Man kann diese Worte als Hinweis für jenen Weg sehen, der sich einem Menschen öffnet, wenn er aus dem negativen emotionalen Zustand – der seelischen Qual – zum positiven, süßen und edlen Dasein gelangt.

Die Essenz Sweet Chestnut unterstützt alle Menschen, die sich am Rande ihres Daseins befinden, verzweifelt sind und unter seelischen Schmerzen leiden. Jene Menschen, die von einem Schicksalsschlag oder einer schwierigen Lebenslage an die Grenzen des Möglichen gebracht wurden. Sie sehen nur noch die dunkle, schwere Seite des Lebens, fühlen sich ohnmächtig und ohne jegliches Interesse an ihrem Leben. Ihre Lage bedrückt sie sehr, sie fühlen sich ihren negativen Emotionen ausgeliefert. Der Sweet Chestnut-Charakter meint, in ein tiefes, dunkles Loch zu stürzen, aus welchem er keinen Ausweg findet. Seine Seele scheint zusammenzubrechen. Dieser Zustand folgt den schweren äußeren Umständen im Leben, wenn der Mensch sieht, dass er den Problemen und Hindernissen nicht gewachsen ist. Diese überrollen seine seelischen Qualitäten, und der Mensch verliert den Kontakt zu sich selbst. Als Beispiel kann man Situationen nehmen, in denen es um einen Verlust geht.

Auch andauernde Anspannung und Vernachlässigung der eigenen seelischen und geistigen Bedürfnisse kann zu seelischem Schmerz und Qualen führen. Dies kennen viele Menschen, die plötzlich mit einer schweren Krankheit konfrontiert werden und deren Leben sich abrupt ändert. Sie sind gezwungen zu reagieren, aber die Tatsache scheint ihnen so fremd und schwierig zu sein, dass sie komplett blockiert sind und die Erkrankung als Endstation des Lebens wahrnehmen. Dabei könnte die Krankheit ein Appell der Seele sein, endlich auf die wahren Bedürfnisse zu achten, aber für den Betroffenen ist es womöglich eine endgültige Niederlage, die sich in eine Depression wandeln kann. Die eigenen Heilungskräfte werden dadurch blockiert, und die Spirale der Dunkelheit schraubt sich immer tiefer und tiefer. Der Sweet Chestnut-Charakter isoliert sich von seiner Umgebung und ist für seine Mitmenschen nur schwer erreichbar. Oftmals werden in solchen depressiven Zuständen alltägliche Bedürfnisse vernachlässigt, wie etwa zu essen, Hygiene und die Bewegung an der frischen Luft.

Sweet Chestnut gibt dem leidenden Menschen Mut und Kraft, aus der schwierigen Lage einen Ausweg zu finden und sich dem Leben neu zu öffnen. Es benötigt natürlich Zeit, aus der Tiefe der Seele wieder zum Licht und zur Hoffnung zu finden. Jeder Mensch geht diesen Weg im eigenen Tempo; man kann es nicht erzwingen oder schnelle Erfolge erwarten. Eine wahre Heilung kann man nicht wollen oder vorprogrammieren; sie geschieht, wenn der Mensch im Innersten bereit und offen dafür ist. Die Essenz Sweet Chestnut schenkt dem Leidenden die Chance, zurück zu seiner Seele und seinem wahren Dasein zu finden. Dann kann wahre Heilung geschehen.

BESONDERE MERKMALE:

Sweet Chestnut schenkt die Erkenntnis, dass jeder Krise eine Chance zum geistigen Wachsen und zur Entwicklung innewohnt. Viele Menschen, die sich von schweren Krankheiten wie zum Beispiel Krebs geheilt haben, eine Spontanheilung oder ein Nahtod-Erlebnis erfahren durften und daraufhin ihr Leben in die Hand genommen haben, bestätigen, dass es die größte und zugleich beste Lektion ihres Lebens war, um innerlich zu wachsen und dem Leben auf eine dankbare Weise neu zu begegnen. Es hat ihnen Demut und Heiterkeit gebracht, und sie sind der beste

Beweis dafür, um zu zeigen, dass in jeder Dunkelheit immer auch Licht präsent ist.

Dr. Bach beschrieb die Essenz Sweet Chestnut wie folgt:
„Für die Momente im Leben eines Menschen, in denen die Qual so groß ist, dass sie unerträglich scheint. Wenn der Geist oder Körper die Grenze der Belastbarkeit erreicht zu haben scheint und ein Zusammenbruch zu befürchten ist. Wenn der Eindruck entsteht, es gäbe es nur noch Zerstörung und Vernichtung."

Menschen mit solchen Leiden können von der Essenz Sweet Chestnut profitieren und sich auf ihren Weg von der Dunkelheit zum Licht führen lassen. Sie lernen dabei viel über die eigenen seelischen Qualitäten und bemerken, wie nahe menschliche Stärke und Schwäche zusammenliegen. Beide spiegeln sich gegenseitig, und keine existiert ohne die andere. Eine Balance zwischen beiden zu halten, ist die Kunst des Lebens, für welche die Essenz Sweet Chestnut eine sanfte und wirksame Unterstützung bietet.

31 ❁ **VERVAIN** – Eisenkraut

Menschen, die sich im negativen emotionalen Zustand der Essenz Vervain befinden, können durchaus als Fanatiker bezeichnet werden. Der Begriff ist in unserer Gesellschaft äußerst negativ besetzt, da er auch mit Gewalt und Unrecht an Unschuldigen verknüpft ist. Vervain-Charaktertypen sind jedoch Menschen, die enthusiastisch, aktiv und mit voller Begeisterung hinter einer Idee stehen, von der sie überzeugt sind, durch sie könnte das Leben leichter, schöner und glücklicher werden. Vervain-Charaktere urteilen und bewerten nicht. Ihr Ziel ist in einen Satz zu fassen: Sie wollen „nur kurz die Welt retten", wie es in einem Lied so schön heißt.

Ihre Begeisterung ist ansteckend, weil sich alle Menschen nach dem Guten und Schönen sehnen. Wenn die Vervain-Charaktere es mit ihren Idealen übertreiben und sich als Fanatiker entpuppen, verlieren sie oftmals ihre Zuhörer. Darin liegt ihre Schwäche und auch in der Gefahr, gute Ideen *in den Sand zu setzen.* Sie können sich schnell begeistern und großes Engagement zeigen, wodurch ihre eigenen Kräfte oftmals überbeansprucht werden. Präsentieren die Vervain-Typen ihre Ideen und finden keine Resonanz, sind sie tief enttäuscht und zerrissen. So schnell geben sie jedoch nicht auf und versuchen immer wieder, Menschen zu begeistern. Dadurch werden sie eher zu einer Last anstatt zu Vordenkern und begeisterten Idealisten.

Vervain-Charaktertypen findet man überall – in den Bereichen der Wirtschaft, Politik, Medizin und Geisteswissenschaft sind sie genauso vertreten wie in der Religion. Die Welt braucht begeisterte Visionäre, die für Frieden, Gerechtigkeit und geistige Fortschritte stehen und in der Lage sind, diese selbst zu leben. Im Medienalltag sind jedoch mehr frustrierende Fanatiker zu sehen, die ermüdet sind von den Versuchen, ihre Ideen umzusetzen. Erfolglos versuchen sie zu erklären, wie die Welt aussehen könnte, wenn die Mehrheit auf sie hören würde. Je weniger Anschluss sie finden, umso mehr sind sie einsatzbereit, um weiterzukämpfen. So lange bis ihre inneren Kräfte einen Schlussstrich ziehen und die Überlastung durch permanente Anspannung sich bei ihrer Gesundheit bemerkbar macht.

Im negativen emotionalen Zustand sind Vervain-Charaktertypen sehr nervös, kennen keine Ruhe und sind ständig auf dem Sprung, etwas Neues zu erkunden. Sie bleiben mit Menschen im Austausch, um Ansprechpartner für ihre Ratschläge zur Verfügung zu haben. Sie sind überzeugt davon, die Welt zu verändern. Doch in Wahrheit zerstreuen sie ihre Energie, die sie nicht im Gleichgewicht halten können. Vervain-Charaktere kennen nur *An*spannung, keine *Ent*spannung. Ihre Aufmerksamkeit ist immer nach außen gerichtet, da sie in permanentem Austausch mit der Umgebung stehen müssen. Sie verspüren den Drang, jede neue Idee sofort nach außen tragen zu müssen. Eine gelassene Reflexion über die Bedeutung und die Folgen ist ihnen kaum möglich. Oftmals sind sie sogar mehr von sich selbst begeistert als von der Botschaft, die sie vermitteln wollen. Man könnte sie als hyperaktiv bezeichnen, was sowohl für Kinder als auch für Erwachsene gilt. Durch die permanente Anspannung und ununterbrochene Aktivität leiden sie womöglich unter Muskelkrämpfen, steifem Rücken, steifem Nacken oder auch unter Magen-Darm-Beschwerden.

Im positiven emotionalen Zustand sind diese Charaktertypen charismatische Idealisten, die aufrecht für ihre Ideen einstehen, sie verkörpern und leben. Es ist ihnen nicht wichtig, ob eine Mehrheit hinter ihren Ideen steht. Sie wissen innerlich, für welche Werte sie sich einsetzen, und diese drücken sie über ihr Wirken weiter aus. Andere Menschen kooperieren gerne mit ihnen, da sie mitdenken, mitfühlen und zuhören können. Sie stehen immer für eine Kooperation, die bereichernd für beide Seiten ist. Sie sind eine Inspiration für ihre Umgebung und ihre Mitmenschen.

BESONDERE MERKMALE:

Die sozialen Medien sind ein idealer Nährboden für Vervain-Charaktere. Ihre Ideale finden über Hashtags Anklang, ziehen Anhänger und Nachahmer an. Ernährungsfanatismus wächst heran, ähnlich wie Gesundheits- oder Fitnesswahn in den letzten Jahrzehnten schon in einschlägigen Zeitschriften wachsen konnte. Mit den digitalen Medien muss man nicht einmal mehr aus dem Haus gehen, um sich eine Zeitschrift am Kiosk zu holen. Man hat, mit dem Laptop auf dem Schoß im Bett sitzend, schnell und permanent Zugang zu verschiedensten Lebenskonzepten und -trends. Zudem steht online immer eine (unbekannte) Community zur Stelle, eingefangen über Hashtags. Erfolgs- und Glücksrezepte wirken oftmals manipulativ. Ist man nicht in sich selbst verankert, lässt man sich unter Umständen rasch begeistern und übertreibt es mit neuen Idealen und Produkten, die nichts mehr mit den eigenen Zielen zu tun haben. Wer sich auf diese oder ähnliche Weise verliert und an neuen Konzepten nicht mehr vernünftig Kritik übt, kann bei der Essenz Vervain Unterstützung finden. Sie öffnet einem wieder den Zugang zu den eigenen Idealen und Zielen, anstatt begeistert etwas zu vertreten, womit man sich im Grunde kaum oder nur äußerlich identifizieren kann.

32 ❁ VINE – Weinrebe

Bei keinem Charaktertypen zeigt sich die Polarität so prägnant wie beim Vine-Typ. Auf der einen Seite ist er ein dominanter Herrscher, auf der anderen ein begabter Organisationsführer. Diese Persönlichkeit trägt beide Seiten dieser Willensstärke in sich. Sie will die Freiheit, sich zu entscheiden, das eigene Leben in den Vordergrund zu rücken.

Im negativen emotionalen Zustand sind diese Charaktertypen sehr autoritär, streben nach Macht und sind in der Lage, alles dafür zu tun, um eine führende Position für sich zu sichern. Für Macht und Regentschaft setzen sie oftmals auch (verbale) Gewalt ein. Beobachtet man spielende Kinder im Sandkasten – der Vine-Typ ist sofort zu erkennen. Um sein Territorium zu schützen und Macht und Stärke zu demonstrieren, setzt der Vine-Charakter unter Umständen schon im Sandkasten Streitereien oder gar eine Tracht Prügel ein.

Diese starken Persönlichkeiten schaffen es ziemlich schnell, eine wichtige Führungsposition in der Gesellschaft oder in einer Gemeinschaft zu ergattern – es sind autoritäre Machtliebhaber. Sie delegieren viel, entscheiden über weitere Schritte, demonstrieren ihre eigene Kraft und betonen dabei die Wichtigkeit ihrer eigenen Persönlichkeit. Als Chefs oder Vorgesetzte können sie schwierig sein. Die Meinungen der anderen interessieren sie wenig, weil sie davon überzeugt sind, selbst am besten zu wissen, was zu tun ist. Deshalb sind sie auch keine guten Zuhörer – ihrer Meinung nach müssen sie das auch nicht sein. Sie hören anderen keinesfalls deshalb nicht zu, weil sie deren Ideen unterschätzen, vielmehr sind sie in ihrem blockierten emotionalen Zustand von sich selbst so sehr überzeugt, dass alles andere für sie unwichtig ist. Bei ihren Mitmenschen verursacht das womöglich Unsicherheit oder gar Minderwertigkeitsgefühle, weil sie nicht wertgeschätzt werden. Der Vine-Charaktertyp ist von sich selbst so eingenommen, dass er andere kaum beachtet. Deswegen ist der Umgang mit diesen Charaktertypen innerhalb von Beziehungen, wie etwa als Lebenspartner oder als Elternteil, kein leichter. Sie sehen in erster Linie nur sich selbst! Wenn sie über die Liebe zu anderen sprechen, betonen sie an erster Stelle sich selbst: Sie heben hervor, was sie benötigen, um glücklich zu sein, und was sie zu bieten haben, wie kein anderer – ja, wie unersetzbar ihre Liebe im Leben ihrer Mitmenschen ist. Sie verlieren kein Wort von Dankbarkeit oder Freude darüber, dass sie geliebt werden. Trotz dieser Missachtung brauchen die Vine-Typen ihre Mitmenschen, denn ohne diese könnten die Vine-Charaktere ihren Egoismus nicht ausleben.

Viele Menschen fühlen sich durch die Macht dieser temperamentvollen Herrscher angezogen, oft jedoch auch enttäuscht. Um diese Enttäuschung auszudrücken, dafür fehlt ihnen oftmals der Mut. Doch genau das benötigen dominante Typen: Einen klaren Spiegel, eine kraftvolle Persönlichkeit, die ihnen zeigt, dass man nicht nur mit Macht regieren kann, sondern auch mit Verständnis und Empathie.

Im positiven emotionalen Zustand verfügen Vine-Charaktere über ein großes organisatorisches Talent. Sie können Situationen rasch überblicken und klare Ziele setzen. Zudem sind sie in der Lage, andere zu motivieren, um diese Ziele zu erreichen. Durch ihre Menschenkenntnis können sie die Talente in anderen gut entschlüsseln und bilden gemeinsam mit ihnen ein perfektes Team, in dem sich jeder wohlfühlt, sein Bestes geben kann, um gemeinsam erfolgreich voranzuschreiten. Sie sind gute Motivatoren und empathische Kollegen. Ihr autoritäres Verhalten entfaltet sich in Kreativität. Sie sind nicht mehr starr in ihren Meinungen, sondern können spontan und flexibel auf die Impulse der Umgebung reagieren.

BESONDERE MERKMALE:

Die Essenz Vine kann auch für jene Menschen nützlich wirken, die nicht unter den negativen Charakterzügen des Vine-Typs leiden, allerdings Pflege für ihre Mitmenschen organisieren und alle nötigen Tagesabläufe aufrechterhalten müssen. Es geht um jene, die sich um chronisch kranke oder behinderte Menschen kümmern, wie etwa das Pflegepersonal oder die Dienstleister in Altersheimen oder ähnlichen Einrichtungen. Diese Menschen benötigen Unterstützung, um sich durchsetzen und trotzdem mit achtsamer Führung auf die Bedürfnisse ihrer Mitmenschen eingehen zu können. Die Essenz Vine kann Willensstärke und Klarheit verleihen. Es ist eine Besonderheit dieser Essenz, dass sie Führungsqualitäten auf achtsamer Basis unterstützt, will man diese für das Wohl der anderen einsetzen.

33 ❁ WALNUT – Walnuss

Die Essenz Walnut ist die einzige Essenz, die keinem konkreten emotionalen Zustand zugeordnet ist. Sie steht für Schutz und

Energieausgleich bei Veränderungen und Neubeginn. Sie stärkt die Lebensenergie überall dort, wo es ein Mensch nötig hat.

Walnut wirkt unterstützend für all jene, die Schwierigkeiten mit Veränderungen haben. Hierbei kann es sich sowohl um physische Veränderungen handeln, die mit der körperlichen Entwicklung zusammenhängen (Pubertät, Schwangerschaft, Klimakterium, erste Zähne bei Säuglingen), als auch um Veränderungen der äußeren Lebensumstände (Heirat, Umzug, Geburt eines Kindes, Tod eines nahestehenden Menschen). An jeder Stelle einer Herausforderung können Menschen jeder Altersstufe von dieser Essenz profitieren.

Jede Veränderung bringt auch einen gewissen Anspruch mit sich – man lernt, sich neu zu orientieren und zu finden. Dies verläuft nicht immer glatt und ohne Schwierigkeiten. Zudem ist eine gewisse Unsicherheit normal, wenn es um Unbekanntes geht. Manchmal sind es Einflüsse aus der Umgebung, die verunsichernd wirken und einen hin und wieder an einer Entscheidung zweifeln lassen. Geht man auf seinem Lebensweg Schritte außerhalb der Konventionen, können kollektive Gedankenmuster blockierend wirken. Walnut hilft dabei, die innere Klarheit zu bewahren und sich nicht demotivieren zu lassen. Auch die eigenen Ängste und alten Erinnerungen können in wichtigen Veränderungsphasen eine getroffene Entscheidung plötzlich trüben und einen hemmen, mit Begeisterung und Optimismus voranzuschreiten. Die Essenz Walnut schützt in diesen Momenten unseren Energieraum und unsere innere Überzeugung, dem eigenen Weg weiter zu folgen und sich nicht aufhalten zu lassen. In diesem Fall lässt sich Walnut mit den Essenzen Mimulus oder Honeysuckle kombinieren. Sie bildet eine Brücke zwischen dem Alten und dem Neuen.

In Veränderungsphasen ist man sehr empfindlich gegenüber äußeren Einflüssen. Unter Umständen fühlt man sich verzweifelt und mental ermüdet, wenn die neuen Impulse noch nicht ganz ihren Platz eingenommen haben und die Umgebung versucht, mit gut gemeinten Ratschlägen zu helfen. Oft sind solche Situationen mehr lästig als hilfreich. Bei den ersten kleinen Schwierigkeiten kann man sich gehemmt fühlen und wieder an der Richtigkeit seiner Schritte zweifeln. Walnut hilft hier, Ruhe und Gleichgewicht zu bewahren und nicht durch Druck von außen etwas erzwingen zu wollen. Sie hilft zusätzlich, innerlich stabil und offen zugleich zu bleiben. Nur so kann sich eine Situation zum Guten entwickeln.

Unterstützend wirkt die Essenz auch für kleine Kinder und Schüler. Die ersten Jahre in ihrer Entwicklung gehen sie durch viele Veränderungsphasen, besonders was ihre Bindung an Eltern, Familie und die nähere Umgebung angeht. Wenn sie überempfindlich auf soziale Kontakte reagieren und Probleme haben, neue Impulse zuzulassen, kann sie die Essenz Walnut mit Schutz begleiten, ihre ersten Schritte in neuen Räumen zu gehen – besonders bei der Einschulung sowie in Spiel- oder Betreuungsgruppen. An dieser Stelle ist es wichtig zu betonen, dass auch die Eltern in diesen Phasen Bach-Blüten-Essenzen einnehmen sollten, um das Kind mit Mut und Geduld bei seinen Schritten zu unterstützen.

Im Genesungsprozess bringt die Essenz Walnut einen energetischen Ausgleich und stärkt die Lebenskraft. Eine Erkrankung ist immer eine Veränderung, sowohl auf körperlicher als auch auf seelischer Ebene. Wenn man sich geschützt und von inneren Heilungskräften getragen fühlt, lässt sich die gesamte Situation besser meistern.

Die Essenz Walnut können jene als allgemeines Heilmittel anwenden, die einen Neuanfang in ihrem Leben wagen oder ihre Kreativität in neue Projekte einbringen wollen. Sie unterstützt die ersten Schritte mit Mut, Zuversicht und Geduld. Sie hilft dabei, bei sich zu bleiben und alte, blockierende Bindungen loszulassen.

BESONDERE MERKMALE:

In Zusammenhang mit Walnut stellt sich die Frage, ob es sinnvoll ist, diese Blütenessenz prophylaktisch zu verwenden, wenn man weiß, dass eine konkrete Veränderung stattfinden wird. Dr. Bach hat mehrmals in seinen Schriften klargemacht, dass man durch die prophylaktische Einnahme einer Essenz nichts Schlechtes verursachen kann, da die Essenzen harmlos sind und keine negativen Nebenwirkungen aufweisen. Es empfiehlt sich dennoch nicht, Bach-Blüten-Essenzen vorbeugend einzunehmen, da man sonst sein Ziel nicht erreicht, denn die Essenzen reagieren hauptsächlich auf negative Emotionen und Gemütszustände! Deswegen sollte man die Essenzen nur einsetzen, wenn man eine Veränderung nicht akzeptieren kann, wenn eine Veränderung Schwierigkeiten verursacht oder wenn man sich verunsichert und überwältigt durch äußere Einflüsse fühlt.

Die Essenz Walnut bietet eine wunderbare Unterstützung, um offen und zuversichtlich in der eigenen Mitte zu bleiben und sich (selbst-) bewusst von den äußeren Einflüssen abzugrenzen.

34 ❁ WATER VIOLET – Sumpfwasserfeder

Als stolz, unzugänglich, verschlossen oder distanziert werden Charaktertypen bezeichnet, die der Essenz Water Violet zugeordnet sind. Tatsächlich können sie auf ihre Umgebung so wirken, obwohl sie innerlich sehr offen und engagiert sind. Sie tragen es aber nicht direkt nach außen. Im Kontakt mit diesen Menschen bemerkt man, dass es sich um besondere Persönlichkeiten handelt, die eine gewisse Würde aufweisen.

Im negativen emotionalen Zustand leiden diese Menschen an Einsamkeit. Da sie ihr Alleinsein auch genießen, ziehen sie sich gerne von der Öffentlichkeit zurück und leben in Stille ihr eigenes Leben. Das bedeutet nicht, dass die Water Violet-Charaktere kein Interesse am Leben und an ihren Mitmenschen haben, sie sind durchaus offen für neue Informationen und Geschehnisse. Allerdings haben sie den Eindruck, dass sie nicht immer alles mit anderen teilen müssen, weil sie mit sich selbst zurechtkommen. Das ist auf einer Seite gut, denn es bleibt ihnen viel Oberflächliches, was sich in der Umgebung abspielt, erspart. Auf der anderen Seite baut dieses Verhalten eine Mauer zwischen sie und ihre Umgebung. Die Mitmenschen spüren dadurch ihre Distanz, und der Water Violet-Charaktertyp fühlt sich isoliert und einsam. Für eine gewisse Zeit empfindet er das nicht als Blockade. Je mehr er sich aber in diese Distanz vertieft, umso mehr wird ihm klar, dass er etwas ändern sollte. Zu dieser Änderung benötigt er die Essenz Water Violet, weil er nur ungern im blockierenden Zustand das Innere seiner Mauer verlässt und die ersten Schritte an die Öffentlichkeit macht.

Diese Menschen sind echte Individualisten und pflegen gerne einen ruhigen, ausgewogenen Lebensstil. Zu viel gesellschaftliche Aktivität gehört nicht zu ihren Interessen, auch wenn sie sich als charmante Gäste wohlfühlen. Stets finden die Water Violet-Typen eine diplomatische Entschuldigung für ihre Abwesenheit und genießen die Zeit in der Stille. Sie sind keine typischen Charaktere für ein Facebook- oder Twitter-Konto. Zudem sollte man sie nicht mit Egoisten verwechseln! Vom Egoismus sind sie weit entfernt, auch wenn manche Mitmenschen ihnen das vorwerfen. Es ist eher umgekehrt: Water Violet-Charaktere sind offen, immer großzügig und denken im größeren Rahmen. Nur in ihrer Isolation sind sie für die Mitmenschen schwer erreichbar. Deswegen kommen sie in einer Partnerschaft ihrem Gegenüber manchmal kompliziert und unerreichbar vor. Ihre Verschlossenheit kann eine richtige Krise verursachen.

Water Violet-Charaktere lassen es auch nicht zu, dass ihre Umgebung sich um sie kümmert, wenn sie krank sind. Sie versuchen, ihren Zustand allein zu meistern, egal, wie schwer es ist, sie möchten keine Last für andere sein. Nicht aus Stolz lassen sie keine Hilfe zu, sondern aufgrund ihrer Überzeugung, über genügend Kraft zu verfügen, auch die schwierigste Situation allein zu meistern. Manchmal führt diese starre Überzeugung und innere Verschlossenheit wirklich zu Schwierigkeiten – dann kann die Essenz Water Violet dabei helfen, sich zu öffnen und die nötige Hilfe anzunehmen.

Water Violet hilft diesen distanzierten, verschlossenen Menschen, wieder ein Teil der Ganzheit zu sein. Sie lernen, im Austausch und in offener Kommunikation mit ihrer Umgebung zu bleiben. Es ist eine wichtige Erfahrung für sie – so gut, wie sie mit sich selbst zurechtkommen, können sie mit anderen im Wechselspiel von Nehmen und Geben neue Möglichkeiten des Zusammenseins erfahren. Es bereichert ihr Leben, und ihre Einsamkeit ist keine Hürde mehr.

Im positiven emotionalen Zustand sind diese Menschen wirklich ein Segen für ihre Umgebung. Sie haben eine harmonische Ausstrahlung, verbreiten Optimismus und sind ihren Mitmenschen gegenüber äußerst empathisch. Sie sind sehr diskret. Ihre Umgebung kann ihnen voll vertrauen, denn sie werden ihre Lieben nie verraten.

BESONDERE MERKMALE:

Water Violet-Charaktertypen sind großzügige Menschen, welche die Freiheit der anderen respektieren, weil sie die eigene Freiheit sehr schätzen. Ihr Motto könnte lauten: „Leben und leben lassen." Sie mischen sich nie in das Leben der anderen ein, und wenn sie nicht gefragt werden, behalten sie ihre Meinung für sich. Water Violet-Typen haben nicht den Drang, sich öffentlich mitteilen zu müssen und anderen alles von sich zu erzählen. Doch sind sie immer bereit, ihren Mitmenschen zu helfen, und sind in der Lage, achtsam mit den Bedürfnissen der anderen umzugehen.

Die Essenz Water Violet lehrt uns allen – in dieser schnelllebigen Zeit – die Grenze zwischen Ich und Du, zwischen der eigenen Freiheit und jener der anderen zu respektieren. Unsere rasanten Kommunikationsmöglichkeiten sowie die ständige Erreichbarkeit haben diese Grenze fast zerstört, und viele Menschen beschweren sich über fehlende Privatsphäre. Zu viele Informationen kreisen durch die Umwelt und belasten die Privatsphäre eines jeden sowie die innere Ruhe und den Frieden. Die Essenz Water Violet kann jedem Menschen behilflich sein, um zu lernen, den eigenen Raum zu schützen und wertzuschätzen. Erst wenn man es bei sich selbst schafft, kann man auch den Raum der anderen respektieren.

Die Essenz Water Violet kann im alltäglichen Leben jeden unterstützen, der sich den Einflüssen der Umgebung (Lärm, Verkehr, Hektik, überfüllte Einkaufszentren) ausgeliefert fühlt und sich in den eigenen geschützten Raum zurückziehen möchte. Sie hilft, zwischen dem inneren und dem äußeren Leben Balance zu finden, zwischen Nehmen und Geben, zwischen dem Sich-Öffnen und der inneren Einkehr.

35 ❁ WHITE CHESTNUT – Weiße Kastanie

Wer seine Gedanken beherrscht, der beherrscht sein Leben! Es ist eine alte Weisheit aus der Antike, die noch heute eine tiefe Bedeutung hat. Es ist längst auch in modernen medizinischen Kreisen bekannt, dass die Gedanken Einfluss auf das Krankheitsempfinden und die gesamte Genesung haben. Wer negativ denkt, verurteilt und bewertet, verschlechtert die Harmonie und das Gleichgewicht in sich selbst und damit seinen Gesundheitszustand. Wer wiederum positiv denkt und dankbar für jeden schönen Tag ist, der ist mit Harmonie und Zufriedenheit gesegnet.

Menschen, die unter unaufhörlich kreisenden Gedanken leiden, benötigen die Essenz White Chestnut. Sie sind ständig übertriebenen Gedankenaktivitäten ausgesetzt und finden keine innere Ruhe. Ein Gedanke jagt den anderen. Es kommt ihnen so vor, als hätten sie ein Karussell im Kopf und keine Kraft, um dieses zu stoppen. Sie denken stets über Problemlösungen nach. Sie versuchen, ihre Probleme intellektuell zu verstehen, zu analysieren, zu überdenken und zu vergleichen. Nach einiger Zeit fühlen sie sich als Gefangene ihrer eigenen Gedanken.

Das kann geschehen, wenn man an einer Situation emotional stark beteiligt ist, zum Beispiel bei Partnerschaftskrisen, Arbeitsproblemen, Auseinandersetzungen mit Bekannten oder innerhalb der Familie. Man sucht nach einer Lösung, schaut sich alle Pros und Kontras an, überlegt jedes Detail genau. Man analysiert alles und versucht dann, sich systematisch durch das Problem hindurchzukämpfen. All dies geschieht aber nur in Gedanken. Irgendwann fühlt sich der Kopf schwer an, der Druck, eine Lösung zu finden, versetzt andere Empfindungen in eine Starre. Eigentlich empfindet man innerlich weniger, weil man immer nur auf die eigenen Gedanken konzentriert ist. Man verliert die Orientierung, hat keinen Überblick mehr und langsam schwindet auch das Interesse an der Realität. Es ist ein Paradoxon: Man will ein Problem durch permanentes analytisches Denken lösen, bemerkt aber nicht, dass die Lösung des Problems darin liegt, das Grübeln loszulassen und einfach zur Ruhe zurückzukehren.

Die Gedankenüberforderung führt zu Selbstgesprächen, zu permanenten stillen, aber aufrührenden Überlegungen, wie man in einem Konflikt oder in einer Auseinandersetzung reagieren sollte. Dauerhafte innere Unruhen vertiefen sich weiter, und man kann keine kreative Lösung finden. Beunruhigende Gedanken führen zu Konzentrationsschwäche, man fühlt sich überwältigt von ständigen Gedankenimpulsen, was zu unangenehmen Kopfschmerzen, Spannungen im Nacken sowie verlangsamten Reaktionen führen kann. Es ist nicht selten, dass die Menschen dadurch unachtsam in ihrem Alltag sind, es passieren ihnen immer wieder kleine Unfälle.

Menschen, die unter dem permanenten Gedankenkarussell leiden, beschweren sich oft über Schlafstörungen oder Zähneknirschen. Gedanken können tatsächlich ungeheuren Druck in einem Menschen verursachen und ihn komplett von der inneren Ruhe und Stabilität abkapseln. Wenn man nicht in der Lage ist, dies zu stoppen, könnte das in manchen Fällen schwierige Folgen haben, wie etwa mentale Starrheit oder Aggressivität bis hin zu Wahn.

Die Essenz White Chestnut beruhigt die Überspannung im Kopf, verursacht durch das permanente Kreisen der Gedanken, und hilft dem Betroffenen, von Gedankenbeklemmung wieder zu sich zu finden. Im dem Moment, wenn sich die kreisenden Gedanken beruhigen, kann man wieder eine innere Klarheit erreichen und sich erneut mit der realen Situation in Verbindung setzen, ohne inneren Druck zu verspüren. Nach kurzer Zeit herrscht wieder innere Ruhe. Nur in diesem Zustand kann man für seine Probleme eine kreative Lösung finden. White Chestnut hilft in diesem Prozess, um wieder aus seiner geistigen Klarheit heraus handeln zu können.

BESONDERE MERKMALE:

„Achten Sie auf Ihre Worte, denn Sie werden Ihre Taten! Achten Sie auf Ihre Gedanken, denn sie erschaffen Ihre Realität!", sagte einmal ein buddhistischer Philosoph. Die Macht der Ge-

danken spielt in der multimedialen Gesellschaft eine immense Rolle. Nicht nur innere Gespräche können in einem Menschen Druck verursachen, sondern auch viele verschiedene Gedanken und Gedankenformen aus der Umgebung. Durch Werbespots, Kurzinformationen, Fernsehfilme und Zeitungen werden unterschiedlichste Gedanken präsentiert, die nachhaltigen Einfluss auf unser eigenes Denken und Dasein haben. Es wird immer schwerer zu unterscheiden, wer tatsächlich ein unabhängiger Denker ist und wer von Massen getragenen Ideen folgt. Nicht nur unsere eigenen, sondern auch die Gedanken aus dem Umfeld haben weitreichenden Einfluss auf uns und können jeden unter Druck setzen.

Wenn die Mehrheit beispielsweise von der Unheilbarkeit einer Krankheit überzeugt ist, verursacht das in einem Menschen einen gewissen Druck und Unsicherheit, wenn nämlich seine innere Empfindung etwas anderes sagt. Der Druck zwischen seinen eigenen Gedanken und Empfindungen und jenen, die aus der Umgebung kommen, könnte innere Zerrissenheit zur Folge haben. Falls sich der Betroffene tatsächlich in einer Krankheitssituation befindet, beeinflusst das seine Selbstheilungskräfte nachhaltig. Die Essenz White Chestnut ist dabei eine sanfte und wirkungsvolle Hilfe. Sie hilft dem Menschen, sich auf das Wesentliche zu konzentrieren, zentriert sein Denken und Fühlen und ermöglicht, wieder inneren Frieden zu finden.

36 ❁ WILD OAT – Waldtrespe

Menschen, die Wild Oat benötigen, befinden sich auf der Suche nach ihrer Lebensbestimmung und -aufgabe. Sie sind vielseitig orientiert, können sich in vielen Projekten engagieren, empfinden innerlich aber Unzufriedenheit, weil sie unerfüllt und trotz vieler Möglichkeiten noch nicht bei sich angekommen sind. Nicht anzukommen, erfordert eine weitere Suche. Wild Oat-Typen verlegen ihren Fokus stets nach außen und erwarten, dass sich die ihren Bedürfnissen entsprechende Möglichkeit bald zeigt. Sie erhoffen sich durch einen guten Job oder eine interessante Beschäftigung, endlich ihre Bestimmung zu finden. Wenn ihr Job ihren Erwartungen nach einer gewissen Zeit noch immer nicht entspricht, sind sie enttäuscht. Der innere Druck, das Richtige zu finden, wird stärker. Sie wechseln ihre Arbeitsstelle und suchen weiter. Dabei wäre es effektiver, die Aufmerksamkeit zunächst nach innen zu richten und sich selbst ernsthaft zu fragen: „Was ist mir wirklich wichtig?“, „Für welche Werte setze ich mich ein?“, „Welche Ziele verfolge ich in meinem Leben?“

Eine junge Praktikantin kam mit einem steifen Nacken in meine Praxis. Sie arbeitete in einer Firma im Labor und musste sich oft bücken, wenn sie mit dem Mikroskop bestimmte Labor-Abläufe durchführte. Sie war schon in einer physiotherapeutischen Behandlung, aber „etwas Innerliches“, wie sie es nannte, ließ sie nicht in Ruhe. „Da ist etwas, was ich nicht benennen kann. Ich bin unruhig und weiß nicht, warum. Mir geht es eigentlich gut. Ich habe eine gute Partnerschaft, auch der Job ist nicht schlecht. Doch jetzt habe ich Schmerzen. Wahrscheinlich sollte ich Yoga machen, damit es mir besser geht. Nach der Manuellen Therapie bei meiner Physiotherapeutin bin ich zwar entspannt, aber nun fühlte ich mich schon mehrmals beim Nachhauseweg außergewöhnlich traurig. Ich kann diese Traurigkeit nicht einordnen. Es ist so etwas wie Melancholie oder Zerrissenheit. Aber warum? Vielleicht sollte ich mir Zeit nehmen, reisen und über mein Leben nachdenken, das würde mir sicherlich guttun.“

Die junge Dame ist nicht auf Reisen gegangen, und nach einer gewissen Zeit hat ihr die Essenz Wild Oat zusammen mit anderen Essenzen geholfen, ihre Fokussierung nach innen zu verlagern und andere Prioritäten zu setzen. In der Folge war es auch nicht schwierig, den Job zu bekommen, in dem sie ihre Talente und Gaben verwirklichen konnte.

Die Essenz Wild Oat wendet die Achtsamkeit von suchenden Menschen nach innen, hin zu ihren Gaben und Talenten. Werden sie sich diesen bewusst, blicken sie aus einem neuen Blickwinkel in die Zukunft und können die eigene Lebensbestimmung finden und leben. Sie müssen nicht mehr mühsam im Äußeren suchen und ihre Zeit vergeuden.

Das betrifft Erwachsene, junge sowie ältere Menschen. Die richtige Lebensaufgabe zu leben, die einen erfüllt, glücklich (und damit auch gesund!) macht, ist für jedes Alter aktuell, sobald man auf eigenen Füßen steht. In jeder Alterskategorie zeigt sich diese Bestimmung und Identifikation mit dem Lebensplan anders. Junge Alleinstehende sehen ihren Lebensplan anders als junge Menschen mit Familie. Ältere Menschen, deren Fokus mehr auf der inneren Einkehr liegt, sehen ihr Leben wiederum aus einem anderen Blickwinkel. Trotz ihrer Lebenserfahrung können auch sie verzweifelt darüber sein, im Hinblick darauf, was ihnen ihre letzte Lebensphase noch bringen wird.

Im Leben gehen wir durch verschiedenste Phasen, und jede bringt neue Herausforderungen und Möglichkeiten mit sich. Der Schulabschluss, der erste Job, die Familiengründung, eine Weiterbildung, eine Firmengründung, wenn die Kinder ausziehen oder beim Eintritt in die Rentenzeit – das alles beansprucht Lebensenergie und geistige Kraft, weil man aus jeder Phase des Lebens das Beste machen und sein Bestes geben will. Durch viele existierende Möglichkeiten kann man sich verunsichert darüber fühlen, wie es weitergehen könnte. Man spürt innerlich einen „leichten Hauch von Veränderungsenergien", weiß aber noch nicht, welche Richtung man einschlagen wird.

Die Essenz Wild Oat schafft dem Suchenden einen Boden, auf dem er die nötige Klarheit und Sicherheit findet, um seine Ziele und Wünsche zu realisieren. Das ermöglicht es ihm, seinen Lebensplan zu entschlüsseln und sich für seine Talente und Gaben einzusetzen. Die Essenz Wild Oat kann man mit Bogenschießen vergleichen: Wenn man mit einer ruhigen Hand den Bogen spannt und dabei fest in seiner Mitte verankert ist, fliegt der Pfeil in klarer Linie in das Ziel.

BESONDERE MERKMALE:

Die Essenz Wild Oat ist ein hilfreiches Mittel in der *Midlife-Crisis* – der sogenannten Lebensmitte-Krise. Man hat schon bestimmte Erfahrungen im Leben gemacht, gewisse Erkenntnisse gewonnen und spürt den inneren Drang, neue Perspektiven und weitere Möglichkeiten für sich zu entdecken. Doch manchmal kann man das Vergangene nicht loslassen, besonders wenn es um Erinnerungen geht, in denen man nicht glücklich und erfolgreich ist. Solche Erinnerungen hemmen die natürliche Freude und Neugier, um etwas Neues anzufangen. Man stellt sich die Frage, ob das Leben noch etwas anzubieten hat, oder es dreht sich alles nur um Altbekanntes. Um Antworten auf die weitere Lebensbestimmung zu finden, wirkt die Essenz Wild Oat unterstützend.

In unserer vernetzten Gesellschaft und dem enormen medialen Einfluss rückt die Frage nach der persönlichen Lebensbestimmung und dem individuellen Lebensplan immer mehr in den Vordergrund. Menschen, die glauben, keine Lebensbestimmung zu haben und diese nicht finden wollen, können schnell manipulativen Eingriffen unterliegen und sich dadurch von falschen Überzeugungen führen lassen, den neuen und richtigen Lebensweg gefunden zu haben. Dabei leben sie nicht das eigene Leben, sondern die Wünsche der anderen. In der heutigen Gesellschaft gibt es viele solche Fälle. Sie zeigen, wie wichtig es ist, die eigene Lebensaufgabe und Lebensbestimmung zu finden. Bestimmt man sein Leben nicht selbst, wird man fremdbestimmt – auch wenn das nur durch inneren Druck und Zerrissenheit geschieht. Deswegen hat die Essenz Wild Oat gerade für junge Menschen im digitalisierten und informationsgeschwängerten 21. Jahrhundert besondere Bedeutung, um ihnen zu helfen, die Orientierung im Leben in die eigenen Hände zu nehmen, den eigenen Lebensplan zu finden und ihm zu folgen.

37 ❁ **WILD ROSE** – Heckenrose

Ein Zustand von Apathie kennzeichnet Menschen, die Wild Rose benötigen. Sie haben alles getan, um ein Ziel zu erreichen, doch ihre Bemühungen tragen keine Früchte. Die Wünsche wurden nicht umgesetzt. Nach Enttäuschung und Frust kommt dann schließlich Apathie. Sie verfügen über einen klaren Geist, um etwas an ihrer Einstellung zur Situation oder zu sich selbst zu ändern, doch der Mut fehlt, es zu versuchen. Wild Rose-Charaktere haben resigniert. Interesse für Bekanntes und Neues haben sie keines mehr, sie werden gleichgültig. Äußerlich nehmen sie am gegenwärtigen Leben teil, doch innerlich nicht. Sie können sich nicht mehr begeistern. Anstatt das eigene Leben aktiv zu gestalten, nehmen Wild Rose-Typen die Position eines inaktiven Außenseiters ein und lassen das Leben an sich vorbeiziehen. Die innere Flamme scheint bei ihnen fast ausgelöscht zu sein.

Ein solcher Zustand kann nach einer tiefen Enttäuschung oder totalen Erschöpfung eintreten, in der man alle seine Kräfte konzentriert hatte und das erwünschte Ergebnis nicht zustande kam. Man fühlt sich in seiner Situation verlassen und zieht sich zurück. Ein typisches Beispiel dafür ist eine chronische oder lange andauernde Krankheit: Der Leidende hat alles gegeben und versucht, aber eine Genesung wollte sich partout nicht einstellen. Zunächst ist er entmutigt, später apathisch.

„Ich habe resigniert, jetzt ist mir alles egal“, hört man oft von diesen enttäuschten Menschen.

Auch eine lange andauernde Beziehungskrise kann zu Apathie führen, in der beide Partner nebeneinander leben, aber keine Nähe existiert, keine lebendige Kommunikation, kein Miteinander. Anstatt Achtsamkeit bleibt nur noch Gleichgültigkeit.

Im negativen emotionalen Zustand der Essenz Wild Rose fehlt diesen Menschen die Motivation, das Interesse an der Gegenwart, die Kraft, wieder einen Schritt weiterzugehen und für ihr Leben einzustehen. Die Lebensenergie dieser demotivierten, apathischen Menschen erinnert an eine Sparflamme kurz vor dem Verlöschen. Sie fühlen sich körperlich und geistig schwach, sprechen leise und bewegen sich wie ein Schatten.

Die Essenz Wild Rose gibt apathischen Menschen den Impuls, einen Schritt zu machen, aus der deprimierenden Situation herauszufinden und das Leben wieder aus eigener Kraft zu gestalten. Das benötigt natürlich seine Zeit! Diese Essenz schenkt Motivation und Zuversicht, sie hilft zu verstehen, dass auch Misserfolg oder Enttäuschung ihren Sinn haben können und nicht unbedingt nur Zeichen einer Fehlhandlung sein müssen. Auch negative Seiten lehren uns etwas über die Einheit des Lebens.

Die Essenz Wild Rose unterstützt Selbstheilungskräfte bei chronischen oder lange andauernden Krankheiten, wenn man keine innere Energie oder keinen Impuls mehr verspürt, weil einem alles zwecklos vorkommt. Sie schenkt dem Erkrankten Kraft und öffnet ihn für die Hingabe, seinen Zustand zunächst anzunehmen, ohne ihn zu beurteilen. Die Hingabe ermöglicht es den Heilungskräften, sich zu entfalten.

Wichtige Anmerkung: Bei einem schweren, lange andauernden Apathie-Zustand, wenn der Patient bis zur sozialen Verwahrlosung dahinvegetiert, kein Interesse an Essen und Trinken zeigt und die Gefahr besteht, dass Organe versagen, ist es unbedingt notwendig, kompetente ärztliche Hilfe in Anspruch zu nehmen!

BESONDERE MERKMALE:

Mit dem Zustand von Resignation können auch jene konfrontiert sein, die sich in der Gesellschaft für verschiedene Sozial- oder Ökologieprojekte engagieren, wie Forscher, Aktivisten, Friedensstifter, Visionäre oder Idealisten. Wenn ihre Tätigkeit an die Grenze von Intoleranz, steifer Systemverwaltung, Arroganz oder auch Gewalt stößt, können sie nach einer gewissen Zeit anstatt Engagement und dem Willen, weiterhin etwas zu bewirken, Resignation empfinden und sich ohnmächtig gegenüber äußeren Einflüssen fühlen. Die Essenz Wild Rose unterstützt auch in solchen kurzfristigen Empfindungen Motivation, Willenskraft und Beharrlichkeit. Gerade im Dienen für das Wohl des Ganzen ist Beharrlichkeit gefragt. Wild Rose kann auch an dieser Stelle eine Unterstützung bieten.

38 ❁ **WILLOW** – Gelbe Weide

Das Gefühl, ein Opfer des Schicksals zu sein, charakterisiert Menschen, die sich im negativen emotionalen Zustand der Essenz Willow befinden. Sie fühlen sich vom Leben unrechtmäßig behandelt und haben den Eindruck, überall zu kurz zu kommen.

Dr. Edward Bach beschrieb die Essenz Willow in seinem Werk „Die Zwölf Heiler und andere Heilmittel" wie folgt: *„Für Menschen, die ein Missgeschick oder Unglück erlitten haben und dies schwer ohne Klagen und Verbitterung annehmen können, da sie das Leben vor allem nach dem Erfolg beurteilen, den es ihnen bringt. Sie haben das Gefühl, solch schwere Prüfung nicht verdient zu haben; sie meinen, es sei ihnen Unrecht widerfahren und werden verbittert. Oft zeigen sie weniger Interesse und sind weniger* *aktiv in Bezug auf jene Dinge, die ihnen früher Freude und Befriedigung gebracht haben."*

Man kann diese Charaktertypen auch Kinder des Pechs nennen – egal, was kommt, sie ziehen immer den „schwarzen Peter". Oder zumindest glauben sie das, weil sie das eigene Leben entsprechend wahrnehmen. Sie forschen niemals nach der wahren Ursache eines Geschehens und können folglich auch nicht versuchen, diese zu verstehen. Wenn ein Unglück geschieht, bezeichnen sie das als ihr altbekanntes Schicksal. Willow-Charaktere meinen, ihnen werde die ganze Kraft und alle Möglichkeit zu agieren gestohlen und sie könnten nur darauf reagieren. Sie sind sich der eigenen Kraft und des eigenen Potenzials im negativen emotionalen Zustand gar nicht bewusst! Kein Wunder, dass sie immer nur Pech anziehen und sich im Kreis drehen, wenn sie so über sich denken.

Ihren Groll tragen sie in sich und sind nicht aggressiv gegenüber den anderen. Das ist auf der einen Seite angenehm, auf der anderen Seite vergleichen Willow-Typen sich gerne, was für eine Beziehung sehr lästig sein kann. Anstatt sich zu freuen, mit dem Partner etwas Schönes zu erleben, sind sie rasch dabei, zu erklären, dass das Leben ihnen nie so viele schöne und harmonische Momente schenkt. Sie müssen das Leben immer aushalten und über sich ergehen lassen, sie können es nie genießen. Auch wenn sie schöne Dinge gerne haben, sie gönnen sich nichts, was ihre Seele erleichtert oder glücklich machen kann. Willow-Typen schauen immer danach, was der andere hat, was dem anderen gelungen oder gegönnt ist – und beurteilen es. Sie finden eine Erklärung dafür, warum es ihnen gar nicht gut gehen kann und das Leben oder der „liebe Gott" es mit ihnen nicht gut meint.

„Es ist so mühsam mit meinem Mann", erzählte eine Klientin. *„Egal, was ich tue, er ist permanent am Jammern, dass seine Rente nicht ausreicht und wir nach so vielen Jahren harter Arbeit in der Verwaltung jetzt mit weniger Geld auskommen müssen – und seine Kollegen bekommen mehr Geld. Ich beschwere mich nicht*

darüber, dass ich noch einen kleinen Job habe, um unsere Rente aufzustocken. Es geht uns nicht schlecht, und ein bisschen Geld dazuzuverdienen ist gut. So können wir uns immer ein Extra gönnen. Mir bereitet mein Job kein Problem, aber mein Mann hat immer nur miese Laune, anstatt statt sich zu freuen. Wenn wir irgendwo zum Essen gehen, dann ist er lange danach unzufrieden, dass wir Geld ausgegeben haben. Aber es war doch schön! Er sieht das nicht so. Es ist lästig für mich und nimmt mir die ganze Freude. Warum kann er sich nicht darüber freuen, dass wir gesund sind und noch unsere gemeinsamen Jahre zusammen haben?“

Im negativen emotionalen Zustand können sich Willow-Charaktertypen tatsächlich nicht freuen. Sie schätzen nicht, was sie haben, und können ihren Zustand nicht akzeptieren. Sie beklagen sich nur und tun nichts dafür, diesen Zustand zu verbessern. Ihre einzige Aktivität ist ihre Klage. Innerlich wenden sie Groll und Verbitterung gegen sich selbst. Ihre Unzufriedenheit ist so groß, dass dadurch ihre gesamte Energie verbraucht wird, wodurch keine Energie mehr bleibt, um wirklich und effektiv handeln zu können. Man kann schon vermuten, dass viele Autoimmunkrankheiten ihre geistige Ursache gerade in solchen Lebenseinstellungen haben.

Die Essenz Willow hilft allen jammernden und klagenden Menschen, ihren Zustand noch einmal zu überdenken und Verantwortung für das eigene Leben zu übernehmen. Unglück, Pech, Misserfolg sind dann keine Schicksalsschläge mehr, sondern Gelegenheiten, aus einem anderen Blickwinkel auf das Leben zu schauen und ihm aktiv zu begegnen. Das ist ein Prozess, und er benötigt Geduld, bis man aus der Opferrolle herausgefunden hat und in der eigenen Mitte verankert ist. Menschen, die tatsächlich Schicksalsschläge, wie den Verlust der Familie, des Hauses oder der Heimat erlebt haben, empfinden aufgrund ihrer schweren Erfahrungen Groll auf das Leben – ihnen hilft die Essenz Willow, nicht zu tief in diesen Groll zu fallen und in diesem Zustand zu verharren, sondern ihr Schicksal wieder in die eigenen Hände zu nehmen und das Beste daraus zu machen.

BESONDERE MERKMALE:

Selbstmitleid, das Menschen im negativen emotionalen Zustand der Essenz Willow empfinden, ist eine starke blockierende Energie. Wie es schon der Begriff sagt – man verursacht das Leid selbst und verstärkt es noch, man empfindet Leid mit sich selbst. Man fühlt sich nicht, empfindet kein Mitgefühl mit sich oder der eigenen Situation, sondern leidet. Das Leiden ist ein passiver Zustand, der Heilungsenergie und Selbstheilungskräfte blockiert.

Leidende Menschen sehen eine Krankheit als schweren Schicksalsschlag und interpretieren sie als eine Strafe. Durch diese Überzeugung können sich Heilungskräfte erst gar nicht entfalten. Als Schicksalsopfer fühlen sie sich durch Mitleid bestätigt und sind passiver „Konsument" jeglicher Therapien und medizinischer Verfahren. Egal, ob es etwas bringt oder nicht, sie streben danach, Mitleid zu leben!

Die Essenz Willow hilft auch in diesen Zuständen, aus der leidenden Rolle auszusteigen und Verantwortung für seine Gesundheit zu übernehmen. Das bedeutet auch, wieder Vertrauen in den eigenen Körper und in die Selbstheilungskräfte zuzulassen.

Die Notfall-Essenz

Die Notfall-Essenz ist die bekannteste und am häufigsten verwendete Essenz des Bach-Blüten-Systems. Dr. Edward Bach hat für ihre Zusammenstellung fünf Blüten ausgewählt und nach demselben Prinzip präpariert wie alle anderen Essenzen. Die Notfall-Essenz kann jeder Mensch benutzen, der sich in einer Not-, Krisen- oder Stress-Situation befindet und den Eindruck hat, sofortige Hilfe zu benötigen. Diese Essenz eliminiert Schock, Panik, Druck, Schreck sowie Angst. Sie beruhigt, damit man in einer kritischen Situation so gut wie möglich (und der Situation entsprechend) reagieren kann. Auch bei Unfällen, Prüfungen, Auseinandersetzungen und unangenehmen Nachrichten – auch wenn man auf einen wichtigen Bescheid wartet – leistet die Notfall-Essenz wertvolle Dienste.

Die Notfall-Essenz besteht aus folgenden Essenzen:

STAR OF BETHLEHEM
Eliminiert die Folgen eines Schocks.

ROCK ROSE
Eliminiert Panik.

CHERRY PLUM
Hilft bei Angst vor Kontrollverlust über sich selbst und die eigenen Emotionen.

CLEMATIS
Unterstützt das Bewusstsein für das Hier und Jetzt und hilft bei einem Ohnmachtsgefühl während einer Krisensituation.

IMPATIENS
Beruhigt bei Nervosität und Aufregung.

Die Anwendung der Notfall-Essenz:

Man gibt vier Tropfen der Notfall-Essenz in ein Glas mit Wasser und trinkt schluckweise so lange, bis man eine gewisse Beruhigung empfindet. Man kann die vier Tropfen auch direkt in den Mund eingeben. Falls Alkohol als Konservierungsmittel in der Essenz nicht vertragen wird – auch bei Kindern oder Kranken –

kann die Notfall-Essenz in warmes Wasser gegeben und dann getrunken werden. Genauso wirksam sind auch ein paar Tropfen von dieser Essenz an den Schläfen oder an den Handgelenken einmassiert.

Die Notfall-Essenz als Salbe:

Die Notfall-Essenz-Salbe ist hervorragend bei allen Hautirritationen – sie beruhigt, glättet und reinigt. Ihre Anwendung ist vielseitig – von Insektenstichen, Verbrennungen, Verletzungen bis hin zu leichtem Sonnenbrand oder Hautblasen. Die Salbe beruhigt Juckreiz oder Spannungsfühle der Haut.

Auch hier ist die Zusammenstellung der Essenzen wie bei der Notfall-Essenz. Eine Essenz mehr wurde der Salbe jedoch hinzugefügt: Crab Apple mit ihrer reinigenden Wirkung. Die Salbe können alle Menschen verwenden – Kinder, Erwachsene, Schwangere und Säuglinge.

4

Die Anwendung von Bach-Blüten im Alltag

„Keep it as simple as possible!“

„Halte es so einfach wie möglich!” Das war der Wunsch von Dr. Edward Bach, als er sein Therapie-System abgeschlossen hatte und es am Ende seines Lebens an Kollegen weiterreichte. Er wollte die Blüten-Essenzen für alle zugänglich machen, damit jeder sich auch selbst helfen kann, wenn er in Not oder emotionale Enge gerät.

Deswegen ist die Anwendung der Bach-Blüten-Essenzen sehr einfach. Das schränkt selbstverständlich keineswegs ihre Wirksamkeit ein! Jeder kann sich mit den Bach-Blüten selbst heilen oder Hilfe für andere anbieten. Die Essenzen sind für alle Menschen und in allen Lebenslagen gut – sie helfen kleinen Kindern, Erwachsenen, Schwangeren, älteren Menschen und Kranken. Sie alle können von den Bach-Blüten profitieren. Diese Essenzen haben keine Nebenwirkungen und machen nicht abhängig. Zudem ist ihre Herkunft rein natürlich.

Bach-Blüten werden nicht direkt gegen körperliche Schmerzen eingesetzt – sie wirken ausschließlich auf der emotionalen Ebene. Bei der Auswahl der Blüten orientiert man sich an den Emotionen, die mit einer konkreten Situation verbunden sind. Man sucht die Essenzen aus, die am treffendsten dem aktuellen emotionalen Bild des Menschen entsprechen. Da die Blüten-Essenzen keinen Schaden verursachen können, muss man sich nicht darum sorgen, eine falsche Auswahl zu treffen. Die beste Voraussetzung für die richtige und dadurch auch wirkungsvollste Auswahl ist ein aufmerksamer, klarer Blick auf die Situation des Betroffenen.

Wenn man für sich selbst Blüten-Essenzen auswählt, sollte man natürlich ehrlich zu sich selbst sein und offen mit den eigenen Emotionen umgehen. Das kann auch bedeuten, manchmal unangenehme Empfindungen über sich selbst zuzulassen.

Bach-Blüten kann man einzeln verwenden oder sich eine Mischung zusammenstellen. Diese sollte maximal sechs bis sieben Blüten enthalten. Die Essenzen wählt man dem negativen emotionalen Zustand entsprechend aus. Ihre Einnahme hilft, die blockierenden Emotionen umzuwandeln und damit zurück zum Gleichgewicht, zur inneren Harmonie und Zufriedenheit zu finden. Sie ermöglichen jedem, sein wahres eigenes Potenzial zu leben. In Situationen, in denen es nötig ist, unterstützen Bach-Blüten die Entfaltung der Selbstheilungskräfte.

Die Dauer der Anwendung ist vom emotionalen Zustand desjenigen abhängig, der die Bach-Blüten benötigt. Man kann die Essenzen kurzfristig nutzen, wenn die eigene Stimmungslage schwankt und es darum geht, wieder ins Gleichgewicht zu kommen. Es empfiehlt sich dann, zwei Tropfen der gewählten Essenzen (bei der Notfall-Essenz vier Tropfen) in ein Glas mit Wasser, Tee oder Saft zu geben und schluckweise zu trinken. Nach Bedarf kann man die Einnahme wiederholen.

Für eine langfristige Einnahme, wenn ein negativer emotionaler Zustand längere Zeit andauert, empfiehlt es sich, von den ausgewählten Essenzen zwei Tropfen in eine 30-Milliliter-Mischflasche mit stillem Wasser zu geben. Nach Bedarf kann man diese Mischflasche noch mit einem Teelöffel Obstessig oder Alkohol konservieren. Diese Flasche hält bei einer viermaligen Einnahme von vier Tropfen pro Tag zwei bis drei Wochen. Dies ist in etwa auch der Zeitrahmen, in welchem man die ersten Veränderungen im eigenen Verhalten beobachten und wahrnehmen kann. Wenn man die Empfindung hat, man sollte die Bach-Blüten öfter einnehmen, als es hier empfohlen wird, so ist dies völlig in Ordnung, da die Essenzen unschädlich sind und keine Abhängigkeit verursachen können.

Für Kinder können die Essenzen einem Getränk in einer Babyflasche zugesetzt werden. Man kann die Essenzen bei ganz kleinen Kindern auch leicht auf die Schläfen oder auf das Handgelenk massieren.

Bach-Blüten-Essenzen haben keinerlei Nebenwirkungen. Falls man empfindlich auf den Alkohol reagiert, in welchem die Essenzen konserviert sind, empfiehlt es sich, die ausgewählte Essenz in warmes Wasser zu geben und so zu trinken.

Da die Bach-Blüten-Essenzen ausschließlich auf der emotionalen Ebene wirken, kann man sie gut mit allen anderen Heilmethoden oder Medikamenten kombinieren.

HINWEIS:

1. *Im Umgang mit Bach-Blüten benutzt man den englischen Namen der Essenzen für die Einfachheit und Verständlichkeit in der internationalen Kommunikation – es ist eine Vereinbarung der Therapeuten, die mit dem Bach-Blüten-Zentrum in England zusammenarbeiten. Ich befolge diese Regeln und gebe deshalb im Buch den internationalen (englischen) Namen der Bach-Blüten-Essenzen an.*

2. *Bewusst empfehle ich Ihnen nicht die fertigen Kombinationen der Bach-Blüten-Essenzen, auch wenn sie sich momentan großer Popularität erfreuen. Die Absicht von Dr. Bach war,*

dass jeder Mensch die passenden Essenzen für seine Emotionen findet. Die fertigen Mischungen sind für allgemein passende Situationen zusammengestellt, aber nicht für den individuellen Bedarf. Der Ursprung der Bach-Blüten-Therapie liegt gerade im persönlichen Zugang, nur dann können die Essenzen ihre Wirksamkeit voll entfalten.

Bach-Blüten in konkreten Alltagssituationen:

Stress

Stress entsteht, wenn man unter Druck gesetzt wird und auf Impulse aus der Umgebung reagieren muss, die einem nicht angenehm sind. Man verliert leicht den Kontakt zu sich selbst und fühlt sich in seinem Dasein eingeengt. Oft erzeugt man sich den Stress auch selbst – durch falsche Vorstellungen, zu hoch gesteckte Erwartungen oder unerfüllbare Wünsche. Stress ist sehr individuell, jeder Mensch reagiert anders darauf.

Folgende Bach-Blüten-Essenzen können Stress eliminieren und den Betroffenen mehr in die innere Mitte bringen:

CRAB APPLE
Hilft, wenn man sich aufgrund von Unordnung oder Unreinheit gestresst fühlt. Der Mensch möchte nicht anfassen, was andere schon angefasst haben, er ist überzeugt davon, dass überall nur schlechte Energie auf ihn wartet.

ELM
Diese Essenz hilft, wenn man sich überarbeitet und erschöpft fühlt und jede kleinste Anstrengung plötzlich zu viel wird.

IMPATIENS
Impatiens unterstützt bei Zeitdruck und Ungeduld: Wer keine

innere Ruhe findet, Erledigungen schnell hinter sich bringen will und ständig das Gefühl hat: „Es ist schon zu spät.“ Der Mensch fühlt sich gejagt von der Zeit, alles verläuft für ihn zu langsam.

SCLERANTHUS
Wenn Unentschlossenheit und Zerrissenheit einen plagen und man unter Druck steht, sich entscheiden zu müssen.

WHITE CHESTNUT
Kreisende Gedanken und innere Gespräche lassen einen nicht in Ruhe. Besonders nachts kehren sie immer wieder zurück. Der Betroffene versucht, seine Situation im Kopf durch das Denken zu lösen, er empfindet inneren Druck und Spannung.

NOTFALL-ESSENZ
Das Hauptmittel für alle akuten Stress-Situationen. Wenn man plötzlich aus seiner Mitte geraten ist und nicht wieder zu sich selbst zurückfinden kann. Die Notfall-Essenz ist für alle Emotionen geeignet, die zu erhöhtem Stress führen: Ungeduld, Kontrollverlust hinsichtlich des eigenen Verhaltens, Panik, Schock, fehlender Kontakt zur Wirklichkeit.

Rekonvaleszenz

Die Erholungszeit nach einer Krankheit ist sehr wichtig für die Erneuerung der physischen und geistigen Kräfte sowie für die Stabilisierung des Organismus. Es ist empfehlenswert, diese Zeit nicht zu vernachlässigen. Folgende Bach-Blüten-Essenzen können den Menschen in seiner Rekonvaleszenz-Phase unterstützen:

CRAB APPLE
Ein allgemein sehr gutes Mittel zur Reinigung des Körpers, auch nach längerer Einnahme von Antibiotika oder anderen schweren Medikamenten.

GENTIAN
Erhöht die Stimmung und bringt eine positive Einstellung zurück.

OLIVE
Die Grundessenz für die Erneuerung der physischen und geistigen Kräfte.

WILD ROSE
Wenn man nach einer Krankheit Apathie empfindet und wenig Interesse an der Gegenwart zeigt. Der Gesundheitszustand ist einem mehr oder weniger gleichgültig.

Konzentrationsschwierigkeiten

Abschweifende Gedanken stellen nicht nur für Schüler und Jugendliche ein Problem dar, jeder ist mehr oder weniger in verschiedenen Lebensphasen mit Konzentrationsschwierigkeiten konfrontiert. Bach-Blüten helfen dabei, auf der emotionalen Ebene mit diesem Problem umzugehen. In keinem Fall ersetzen sie in schweren Krisen die notwendige medizinische Versorgung!

CLEMATIS
Unterstützt Menschen mit großer Fantasie und vielen Ideen sowie mit Problemen, sich auf die Gegenwart zu konzentrieren und die Aufgaben und Pflichten im Hier und Jetzt zu erledigen.

ELM
Hilft allen, die „das Gefühl eines leeren Kopfes" haben; man kann sich an wichtige Sachen plötzlich nicht mehr erinnern.

HONEYSUCKLE
Es fällt einem schwer, sich auf die Gegenwart zu konzentrieren, da die Gedanken immer in der Vergangenheit weilen. Alle wichtigen Ereignisse der Gegenwart laufen an einem vorbei.

HORNBEAM
Eine fehlende Motivation verursacht Konzentrationsprobleme, da man nicht weiß, wo die Prioritäten liegen.

IMPATIENS
Innere Nervosität und Sprunghaftigkeit behindern die Konzentration auf ein wichtiges Problem.

SCLERANTHUS
Für alle, die ständig ihre Aufmerksamkeit auf etwas Neues richten. Für eine Weile begeistern sie sich für eine Sache, doch schon bald springt die Aufmerksamkeit auf etwas anderes. Das Wesentliche bleibt ihnen verborgen.

STAR OF BETHLEHEM
Nach einem Schockerlebnis – wenn man Probleme hat, sich zu konzentrieren.

WHITE CHESTNUT
Ständig kreisende Gedanken verhindern die Konzentration. Man hat nicht mehr die Kraft, einem konkreten Gedanken nachzugehen oder einer Gedankenkette zu folgen.

Angst vor Prüfungen, öffentlichen Auftritten oder Besprechungen

Das Talent zu besitzen, um sich zu präsentieren oder flüssig sprechen zu können, ist nicht allein eine Begabung. Dafür sind auch regelmäßiges Training und innere Balance notwendig. Wer sich nach außen gut präsentieren möchte, muss zunächst sein Gleichgewicht und seine innere Sicherheit finden. In diesem Bereich können folgende Essenzen helfen:

CERATO
Für alle, die ihren eigenen Überzeugungen nicht folgen und an sich selbst zweifeln.

ELM
Wenn man plötzlich unter einem „Black-out" leidet, weil die Herausforderung für den Moment zu groß ist.

GENTIAN
Wenn man eher einen Fehlschlag erwartet als einen Erfolg.

IMPATIENS
Reduziert die Reizbarkeit und Nervosität vor Prüfungen oder einem Auftritt.

LARCH
Wenn man bereits Tage vor einer Prüfung oder einem Auftritt Sorgen hat, ob man die Herausforderung überhaupt bewältigen kann. Man besitzt plötzlich kein Selbstvertrauen mehr und zweifelt an sich selbst.

MIMULUS
Die Grundessenz für die Zustände von Angst und Unsicherheit vor Prüfungen, Auftritten oder Besprechungen.

ROCK ROSE
Bei panischer Angst vor Prüfungen.

Nervosität und Reizbarkeit

Dieser Zustand ist häufig ein Zeichen für innere Unzufriedenheit und Instabilität. Man versucht, die Impulse von außen zu verinnerlichen, aber wenn diese nicht den geistigen Bedürfnissen entsprechen, befindet sich die innere Welt in Dissonanz mit der äußeren. Das verursacht Nervosität und Gereiztheit.

BEECH
Für alle, die immer nur kritisieren und überall nur das Falsche, Fehlende und Unvollkommene sehen. Sie verfügen über keine Toleranz und nur über ein schwach ausgeprägtes Mitgefühl.

CHERRY PLUM
Nervosität, die vorrangig bei den Menschen auftritt, die alles unter Kontrolle haben möchten.

ELM
Hilft bei Nervosität, die sich durch plötzlich auftretenden großen Stress zeigt.

HOLLY
Für alle, die schnell wütend sind und aggressiv reagieren.

IMPATIENS
Hilft ständig gereizten Menschen, die immer unter Zeitdruck stehen und versuchen, ununterbrochen aktiv zu sein, dabei aber nie zur Ruhe kommen.

WATER VIOLET
Für alle, die auf großen Plätzen mit vielen Menschen plötzlich nervös sind und sich unwohl fühlen.

Stärkung des Immunsystems

Das Thema ist bei der steigenden Zahl an Erkrankungen und der Umweltverschmutzung besonders wichtig. Das Immunsystem sorgt für unsere Gesundheit und schützt uns vor ungünstigen Einflüssen. Durch verschiedenste Mittel kann man das Immunsystem stärken. Einen großen Einfluss auf das Immunsystem hat unsere Psyche, unser inneres Gleichgewicht und unsere Zufriedenheit. Bach-Blüten bieten eine emotionale Unterstützung, um Lebensenergie und Lebenskraft im Gleichgewicht zu halten.

MIMULUS
Hilft Menschen mit schwachem Immunsystem, die sich ständig Sorgen machen und Angst um die eigene Gesundheit haben.

WALNUT
Unterstützt allgemein Abwehrkräfte und innere Stabilität.

CRAB APPLE
Unterstützt den Genesungsprozess und hat eine reinigende Wirkung auf Körper und Geist.

VINE
Bei übertriebenen Reaktionen des Immunsystems auf jede Kleinigkeit.

CENTAURY
Bei fehlender Abgrenzung von äußeren Einflüssen.

Konfliktlösung; Auseinandersetzung

Auch wenn ein Konflikt unangenehm ist, kann er manchmal nicht vermieden werden. Im Prinzip ist jeder Konflikt ein Zusammentreffen von zwei oder mehreren Kräften, die miteinander nach passenden Möglichkeiten und Formen der Kommunikation und des Zusammenseins suchen. In jedem Konflikt ist die innere Kraft aller Beteiligten angespannt.

Folgende Bach-Blüten können in dieser Situation unterstützend wirken:

CHERRY PLUM
Wenn man selbst unter inneren Konflikten zwischen Denken und Fühlen leidet.

CENTAURY
Man versucht, immer nur das Gute zu sehen, und ist nicht bereit, auch für die eigenen Bedürfnisse einzustehen. Man fühlt sich durch einen Konflikt geschwächt.

CERATO
Man meint, in der Defensive zu sein, weil man seine Meinung nicht äußern kann.

AGRIMONY
Mit allen Kräften versucht man, einen Konflikt zu vermeiden.

Elternschaft

„Die Elternschaft ist eine Aufgabe, die von Generation zu Generation weitergegeben wird, und dabei geht es im Wesentlichen darum, dass eine Zeit lang Geleit und Schutz gewährt werden. Danach hat diese Funktion zurückzutreten, und die Eltern sollen das Ziel ihrer Aufmerksamkeit, ihr Kind, freigeben, damit es allein weitergehen kann... Die Elternschaft ist eine heilige Pflicht, die ihrem Wesen nach an die nächste Generation weitergegeben wird. Sie bringt nichts anderes als Dienen mit sich und erwartet keinerlei Gegenleistung, außer dass die Jungen dereinst die gleiche Pflicht gegenüber der nächsten Generation erfüllen werden.

Eltern sollten sich besonders vor dem Verlangen hüten, die junge Persönlichkeit nach ihren eigenen Vorstellungen oder Wünschen zu formen", schrieb Edward Bach in seinem Werk „Heile Dich selbst".

Um diese Aufgabe zu erfüllen, können folgende Essenzen hilfreich sein:

PINE
Wenn die Eltern berufstätig sind und sich aufgrund dessen ihren Kindern gegenüber schuldig fühlen.

VINE
Unterstützt die Eltern, wenn ihre Kinder chronisch krank oder behindert sind. Schenkt ihnen die Kraft, den Tagesablauf gut im Griff zu behalten.

CHERRY PLUM
Wenn die Eltern überfordert sind und Angst davor haben, die eigenen Emotionen nicht unter Kontrolle zu bekommen. Sie reagieren oft impulsiv im Kontakt mit Kindern.

RED CHESTNUT
Wenn sich die Eltern übermäßige Sorgen um das Kind machen, es ständig kontrollieren und alles von ihm wissen wollen, unter der Prämisse, das Kind so besser beschützen zu können.

CRAB APPLE
Wenn sich die Eltern für die eigenen Kinder schämen.

IMPATIENS
Gibt allen Eltern im Allgemeinen Geduld in der Erziehung und mildert ihre Reizbarkeit.

5

Bach-Blüten und die modernen Zivilisationskrankheiten

Der Begriff Zivilisationskrankheit gehört zu unserem täglichen Vokabular. In entwickelten Industrieländern leiden viele Menschen an Krankheiten, die durch den rasant wachsenden Wohlstand verursacht werden – durch die Steigerung der Lebensqualität, welche Bequemlichkeit miteinschließt, durch die Quantität an Nahrungsmitteln, durch das Wachstum an medizinischer Versorgung, die gleichsam zu einer Überversorgung wird, durch den permanent präsenten Elektrosmog sowie die elektronischen Strahlungen, durch die Umweltgifte und den steigenden Lärmpegel.

Zu Beginn des 20. Jahrhunderts, als Dr. Edward Bach aktiv war und sein Blüten-System entdeckte, waren Zivilisationskrankheiten weitestgehend unbekannt. Die Weltbevölkerung hatte zu der Zeit ein ganz anderes Problem zu verarbeiten – sie erholte sich damals vom Ersten Weltkrieg. Trotzdem lässt sich Edward Bachs Heilungssystem, in dem die Emotionen jedes Einzelnen im Vordergrund stehen, auch für die modernen Zivilisationskrankheiten anwenden, denn es geht darin nicht um die Krankheit als solche, sondern um die emotionalen Zustände, die jede Krankheit begleiten.

An dieser Stelle muss betont werden, dass die nachfolgenden Krankheitsbilder keine übliche Diagnose darstellen und keinesfalls die medizinische Vorsorge ersetzen! Sie dienen vielmehr zur Inspiration und Orientierung, wie man bestimmte Krankheitssituationen aufgrund der mit ihnen verbundenen Emotionen besser verstehen und geistig verarbeiten kann. Die Bach-Blüten haben sich dabei seit Jahrzehnten als hilfreich und unterstützend erwiesen.

Für die Genesung von allen Krankheiten – auch von den Zivilisationskrankheiten – ist es wichtig, neben der medizinischen Versorgung auch auf eine gesunde Ernährung zu achten, auf Bewegung an der frischen Luft, auf die innere Mitte, beispielsweise durch Meditation, auf inspirierende soziale Kontakte, positives Denken sowie auf die Sinnfindung durch geistiges Studium.

Burn-out

Das Burn-out-Syndrom gehört zwar nicht direkt zu den Zivilisationskrankheiten, dennoch nimmt diese Erkrankung eine signifikante Position in der Gesellschaft ein. Permanente Müdigkeit, Erschöpfung, Kraftlosigkeit sowie Lustlosigkeit sind typische Zeichen dieser Erkrankung, welche unsere Leistungsgesellschaft kennzeichnet. In den meisten Fällen entsteht sie durch Überforderung und Stress im Beruf und hat gravierende Folgen auch im privaten Leben. Dem Betroffenen fehlt jegliche Perspektive und jeglicher Lebenssinn.

Folgende Essenzen haben sich bei Burn-out als hilfreich erwiesen:

ELM
Aufgrund hoher Verantwortung und Belastung ist der Betroffene plötzlich unter großen Druck geraten, verliert an Selbstvertrauen und ist deprimiert. Elm stellt das Vertrauen wieder her, das dieser Mensch zuvor in sich selbst hatte.

GORSE
Eine der wichtigsten Essenzen beim Burn-out-Syndrom. Sie hilft, in pessimistischen Zuständen wieder Hoffnung und Optimismus zu wecken. Diese Essenz ruft erneut jene positiven Kräfte hervor.

OAK
Dies ist eine typische Essenz für Burn-out in der Anfangsphase. Man versucht, die Signale von Müdigkeit zu unterdrücken und weiterzumachen, als würde man nichts bemerken. Die Menschen sagen zwar, dass sie müde oder überarbeitet seien, aber durch ihren starken Willen versuchen sie, immer weiterzumachen, weil „alles erledigt werden muss". Die Essenz Oak hilft ihnen, ihre Kraft zurückzugewinnen und klar auf die eigene Situation zu schauen.

OLIVE
Die Essenz für totale Erschöpfung, auf geistiger wie auf physischer Ebene. Sie ist für das Burn-out-Syndrom eine typische Essenz, die in vielen Fällen als Grundlage für die Behandlung der Symptome eingesetzt werden kann.

WATER VIOLET
Manchmal empfinden Menschen mit Burn-out-Syndrom das Bedürfnis nach Isolation. Da ihnen plötzlich alles schwerfällt und sie sich selbst nicht finden, versuchen sie zuerst, sich von allen anderen zu isolieren und in ihrer eigenen Welt, hinter ihrer „Mauer", zu bleiben. Dadurch fühlen sie sich nach einer gewissen Zeit noch einsamer. Wenn Isolationsgefühle auftauchen, ist diese Essenz hilfreich, um den Kontakt zur Umwelt wiederherzustellen.

WILD ROSE
Hält das Burn-out-Syndrom länger an, kann sich auch andauernde Apathie zeigen. Der Betroffene macht es sich plötzlich in seiner Situation bequem und zeigt kein Interesse für Veränderung. Wild Rose hilft ihm dabei, wieder den „Lebensfunken" zu entzünden.

Diabetes

Die Zahl jener Menschen, die unter dieser Krankheit leiden, steigt jedes Jahr rapide an. Inzwischen wird Diabetes als moderne Krankheit des Stoffwechselsystems bezeichnet.

Bei der Zuckerkrankheit produziert die Bauchspeicheldrüse nicht ausreichend Insulin, wodurch der Zuckergehalt im Blut ansteigt. Das Blut ist nicht mehr in der Lage, den Zucker richtig zu verwerten. Die Zuckerregulation im Körper gerät aus dem Gleichgewicht und führt in erster Linie zu Übergewicht, Bluthochdruck und im Allgemeinen zu Fettstoffwechselstörungen. Die Ursachen für das körperliche Ungleichgewicht sowie für die Unfähigkeit, den Stoffwechsel zu regulieren, sind Stress, Bewegungsmangel, fehlende Lebensfreude, eine sitzende Tätigkeit sowie ein allgemein ungesunder Lebensstil – gekennzeichnet durch Druck, Anspannung und innere Unzufriedenheit.

Immer mehr Erkrankte (besonders verbreitet ist der Diabetes Typ II) suchen nach anderen Möglichkeiten, diese Krankheit zu heilen, da die klassischen Medikamente unnötige schwere Nebenwirkungen mit sich bringen.

Bach-Blüten können den Genesungsprozess unterstützen, wenn der Patient offen und bereit ist, seinen Lebensstil zu ändern sowie auf entsprechende Ernährung und das Gleichgewicht zwischen Körper, Geist und Seele zu achten.

Folgende Bach-Blüten können bei Diabetes unterstützend wirken:

CHICORY
Der Betroffene empfindet Selbstmitleid mit seiner Situation und versucht, Zuwendung und Achtsamkeit von seiner Umgebung zu bekommen. Er stellt seine belastende Situation in die

Mitte jeder Unterhaltung und erwartet, dass alle sich engagieren werden, um ihm zu helfen, aus der Krise herauszukommen. Chicory-Typen jammern viel und beklagen sich ständig über die schwierige Krankheitslage, die fehlende Zuneigung und das fehlende Mitgefühl. Diese Essenz hilft diesen Menschen dabei, aus der Jammer-Rolle herauszukommen und – anstatt Erwartungen auf die Umgebung zu projizieren – selbst Verantwortung für sich zu übernehmen. Nur so wird ihre Krankheit kein Manipulationsmittel, um Achtsamkeit von außen zu bekommen. Sie lernen an erster Stelle, achtsam gegenüber sich selbst und dem eigenen Lebensstil zu sein.

OAK
Der Patient kämpft mit seiner Lage, fühlt sich müde und gefangen in der eigenen Situation. Anstatt die Ursachen zu verstehen und eine Änderung im Leben anzustreben, ist er überzeugt, mit der Situation kämpfen zu müssen. Alles, was für die Genesung wichtig sein könnte, will er sofort umsetzen, ohne hinzuschauen, ob es wirklich stimmig und passend ist.

Diese Essenz bringt Entspannung, der Patient gewinnt an Flexibilität und ist motiviert, seinen Lebensstil zu ändern, um nachhaltige Heilung zu erlangen.

HOLLY
Wenn der Patient wütend und gereizt ist, aufgrund einer unerwarteten Diagnose, die wie aus heiterem Himmel kam. Er ist mit einer neuen Situation konfrontiert, zu der er keinen Bezug hat. Es fehlt ihm plötzlich der Kontakt zu seiner Kraft und seiner Seele. Holly hilft ihm, die Situation anzunehmen, ohne sich abgetrennt zu fühlen. Er kann sein Herz öffnen und Vertrauen in die eigenen Heilungskräfte schöpfen.

CHERRY PLUM
Diese Essenz unterstützt den Erkrankten, wenn er durch den Druck der Krankheit überzeugt ist, seine Werte ständig kontrol-

lieren zu müssen, aus der Angst heraus, es könnte sich jeden Tag alles verschlimmern. Er fürchtet seine Reaktionen, ist verwirrt und reagiert impulsiv. Cherry Plum hilft ihm, in seinem Zustand mit mehr Gelassenheit und innerer Ruhe zu agieren.

OLIVE
Allgemein unterstützende Essenz bei den Zuständen von Müdigkeit auf körperlicher und psychischer Ebene.

Herz-Kreislauf-Probleme

Das Kreislaufsystem ist im Körper verantwortlich für die Verteilung und Aufrechthaltung der Lebensenergie durch das Blut. Damit das Blut im Körper verteilt wird und fließt, muss das Herz reibungslos funktionieren. Sein rhythmisches Schlagen ist ein wichtiges Zeichen für eine gute Gesundheit. Das Herz steht in Verbindung mit Liebe, mit Emotionen, mit Lebenskraft – in Form von Freude, Glückseligkeit, Hoffnung und Frieden. Ein harmonischer Herz-Rhythmus ist für ein ausgeglichenes Leben notwendig. Jedes Mal, wenn man starke Emotionen erlebt, haben diese eine Auswirkung auf das Herz. Die Unterdrückung der Emotionen beeinflusst den Fluss der Lebensenergie.

Herz-Kreislauf-Probleme entstehen unter anderem durch Stress und Druck, den man auf sich ausübt oder ausüben lässt. Alte Verletzungen, Enttäuschungen, Traumata, ständiger Kampf um Erfolg und Aussehen hinterlassen Spuren im Herz und im Fluss der Lebensenergie.

Folgende Bach-Blüten können ausgleichend auf die emotionale Ebene wirken, wenn man unter Herz-Kreislauf-Problemen leidet:

Bitte beachten Sie, dass die Bach-Blüten nur einen Teil der komplexen Therapie bei allen hier benannten Krankheitsbildern darstellen können. Sie heilen die Krankheit nicht, sie wirken unterstützend auf die emotionale Ebene und beteiligen sich damit am Genesungsprozess.

Für den Kreislauf:

ELM
Aufgrund von Überforderung leidet man unter schwachem Kreislauf, niedrigem Blutdruck und eventuell auch an einer Herzschwäche. Es kommt oft zu Herzrasen. Die Essenz Elm bringt einen Energieausgleich; der Mensch fühlt sich nicht mehr nur unter Druck gesetzt, da er sich auch eine kleine Pause oder Entspannung gönnt. Mit der Zeit harmonisieren sich die Phasen von Anspannung (Arbeit) und Entspannung (Freizeit).

MUSTARD
Diese Essenz unterstützt alle, die unter einem schwachen Kreislauf leiden, sei es aufgrund einer Klimaveränderung oder plötzlichem Stress. Sie fühlen sich oftmals schnell deprimiert und können die Aufgaben und Pflichten nur mühsam erfüllen. Die Essenz harmonisiert, entspannt und gibt Zuversicht.

CLEMATIS
Clematis empfiehlt sich für jene Menschen, die sich aufgrund eines schwachen Kreislaufsystems schläfrig fühlen und am liebsten vor allen Pflichten flüchten wollen. Die Essenz Clematis hilft ihnen, die Pflichten so zu verteilen, dass sie auch genügend Zeit zum Schlafen haben und nicht immer daran denken müssen, was sie alles nicht erledigt haben.

WILD ROSE
Diese Essenz empfiehlt sich, wenn man sich aufgrund eines schwachen Kreislaufsystems müde und apathisch fühlt und keine

richtigen Interessen für die Gegenwart hat, nicht einmal an einer Genesung. Wild Rose erfrischt die Energie und bringt zurück in die Realität.

ROCK ROSE
Diese Essenz ist sehr hilfreich bei einem Kreislaufkollaps, sie eliminiert Panik und Angstzustände, welche mit diesem Ereignis verbunden sind. Falls die eigenen Heilungskräfte blockiert sind, hilft Rock Rose, diese zu öffnen, und sorgt dafür, dass die Lebensenergie nach dem erlebten Schreck wieder in Fluss kommt.

Bach-Blüten-Essenzen bei HERZPROBLEMEN:

HOLLY
Holly ist eine wichtige Essenz bei der emotionalen Heilung von Herzproblemen. Sie harmonisiert, wenn sich der Mensch durch emotionale Verausgabung müde und leer fühlt, schenkt Zuversicht und Vertrauen in die Sinnhaftigkeit des Lebens und des Geschehens.

STAR OF BETHLEHEM
Diese Essenz empfiehlt sich für alle Menschen, die nach einem erlebten Trauma unter einer Funktionsstörung des Herzens leiden. Sie ermöglicht, das erlebte Trauma zu bearbeiten und dadurch die Selbstheilungskräfte wieder zu aktivieren. Star of Bethlehem ist ebenfalls hilfreich, wenn der Patient einen Schock bei seiner Diagnose erlitten hat.

SWEET CHESTNUT
Fühlt sich das Herz schwer an, weil es viel Schmerz und Trauer verbergen muss und Heilung unmöglich erscheint, hilft Sweet Chestnut. Diese Essenz bringt Licht und Hoffnung in die schwierige Gesundheitslage der Patienten.

HONEYSUCKLE
Diese Essenz unterstützt jene Menschen, die lange andauernde Herzprobleme haben und sich nicht von der Vergangenheit trennen können. Sie sorgen sich um ihren Zustand und glauben nicht, dass sie wieder gesund werden, weil sie nicht mehr die Kraft haben, die sie früher hatten. Sie blockieren sich selbst. Honeysuckle gibt ihnen den nötigen Impuls, Gegenwart und Vergangenheit nicht mehr zu vergleichen, sondern dafür zu leben, was jetzt wichtig und sinnhaft ist.

Allergie

Die Medizin bezeichnet eine Allergie als Überreaktion des Immunsystems auf eine Substanz aus der Umgebung. Die Substanz an sich ist meistens harmlos, als Allergen jedoch, wenn also jemand allergisch darauf reagiert, kann das unter Umständen kritisch werden, weil sie eine unangenehme, belastende körperliche Reaktion, wie zum Beispiel Asthma oder Hautausschlag, hervorrufen kann. Eine solche körperliche Reaktion ist natürlich mit verschiedenen Emotionen verbunden und stellt für den Betroffenen immer eine Herausforderung dar. Es liegt an ihm hinzuschauen, aus welchem Grund sein Körper bestimmte Reize von außen, wie etwa durch Ernährung, Pollen oder Katzenhaare, nicht akzeptiert und übersensibel reagiert.

Um den eigenen emotionalen Zustand bei einer Allergie auszubalancieren, können folgende Essenzen helfen:

BEECH
Diese Essenz ist eine Basis-Bach-Blüte, wenn es um das Thema Allergie geht. Sie hilft gereizten Menschen, ihre Kritiksucht an der Umgebung und die Unzufriedenheit mit allem, was ihnen von außen begegnet, loszulassen. Eine Allergie trägt das Thema Toleranz in sich. Entsprechend kann die Essenz Beech dem Be-

troffenen helfen, seine Intoleranz in Toleranz und Gelassenheit zu verwandeln.

HOLLY
Holly unterstützt Menschen, die bei einer allergischen Reaktion Aggressivität, Wut und Hass auf die Erkrankung oder Umgebung richten. Diese Essenz hilft ihnen, den Zustand anzunehmen und ihn nicht zu bekämpfen, sondern nach dem bestmöglichen Mittel zu suchen. Es muss nicht immer ein Medikament sein, auch innere Einkehr, Selbstakzeptanz und Ruhe tragen zur Heilung bei.

SCLERANTHUS
Wer sich aufgrund der eigenen Gesundheitslage instabil und unsicher fühlt, findet Hilfe bei Scleranthus. Besonders bei Hautirritationen, die sich unregelmäßig zeigen, aber sehr belastend wirken, hilft diese Essenz, die notwendige Stabilität zu bewahren und sich nicht aus der Mitte bringen zu lassen.

STAR OF BETHLEHEM
Diese Essenz hilft dem Betroffenen, einen eventuellen Schock von einer allergischen Reaktion zu überwinden und damit sein Selbstheilungspotenzial nicht zu blockieren.

ROCK ROSE
Rock Rose unterstützt Menschen, die Panik haben, dass sich ihre belastende allergische Reaktion wiederholen könnte und Angst vor der eigenen Reaktion haben. Diese Essenz wirkt in diesem Zusammenhang beruhigend und schenkt Zuversicht im Hinblick auf die eigenen Kräfte.

ASPEN
Diese Essenz mildert bei den Betroffenen die Angst, dass sich ihr Zustand verschlimmern könnte. Wenn der Erkrankte nur pessimistische Aussichten vor sich hat, hilft ihm Aspen, sich wieder dem Ur-Vertrauen zu öffnen und damit die eigenen Heilungskräfte zu unterstützen.

Depression

Depression ist ein pathologischer Zustand tiefer Traurigkeit, Selbstwertlosigkeit und allgemeiner Sinnlosigkeit – begleitet durch starken seelischen Schmerz. Jedes Jahr steigt die Zahl der Menschen, die unter Depressionen leiden. Viel zu früh werden ihnen Antidepressiva verschrieben, anstatt nach der wahren Ursache dieses Leidens zu suchen. Antidepressiva betäuben zwar seelischen Schmerz und Leid, beseitigen jedoch nicht die Ursache. Die Betroffenen fühlen sich weiterhin mit ihrem Schmerz allein gelassen und haben keine Kraft und keinen Willen, aus dem Teufelskreis herauszufinden.

Bach-Blüten unterstützen den Betroffenen im Umgang mit seinen Emotionen auf seinem Weg, sich selbst wiederzufinden und zu spüren.

Bei einer Depression sind folgende Essenzen hilfreich:

CHICORY
Wenn der Betroffene Mitleid mit sich selbst hat und das gleiche Gefühl von seiner Umgebung erwartet, ist Chicory hilfreich. Er benötigt das Mitleid als ein Zeichen von Akzeptanz und Annahme in seinem schwierigen Zustand. Diese Essenz hilft ihm, eine unerfüllte Erwartung nicht destruktiv gegen sich selbst zu richten, wie etwa in Form von Enttäuschung, sondern Zuversicht aufzubauen.

WILD OAT
Wenn der Betroffene keinen Sinn in seinem Leben sieht, bringt ihm diese Essenz einen Perspektivenwechsel, um aus einem anderen Blickwinkel auf die eigene Situation zu schauen.

OLIVE
Eine Depression kann auch aus einer lange andauernden Müdigkeit entstehen, wenn der Mensch über keine physische und geistige Kraft mehr verfügt und dadurch kein Interesse an der Gegenwart hat. Diese Essenz hilft, das Kraftreservoir aufzubauen.

GENTIAN
Diese Essenz wirkt unterstützend, wenn eine Depression aufgrund eines Verlustes eines Partners oder einer Arbeitsstelle entstanden ist und der Betroffene die Situation nicht verarbeiten kann, weil er den Eindruck hat, sein Leben sei stehengeblieben. Gentian schenkt Zuversicht, weiterzugehen und dem Fluss des Lebens zu folgen.

GORSE
Gorse unterstützt den Betroffenen, wenn er sich von Problemen und Schwierigkeiten mehr und mehr bedrückt fühlt und deprimiert ist. Diese Essenz schenkt Hoffnung und haucht Vertrauen ins Leben.

SWEET CHESTNUT
Das ist die Basisessenz für alle Formen von Depressionen. Der Mensch empfindet unerträgliche Last und Schmerz und weiß nicht mehr, wie es noch weitergehen soll. Sweet Chestnut bringt Licht in die tiefe Dunkelheit.

Schlafstörungen

Schlaf gehört seit Menschengedenken zur besten Medizin überhaupt. Ein gesunder Schlaf hält wichtige Körperfunktionen wie Atmung, Blutdruck, Hormone oder Stoffwechsel im Gleichgewicht. In der heutigen Gesellschaft leiden immer mehr Menschen unter Schlafstörungen, da das Alltagsleben so intensiv geworden ist, dass es die gesamte Energie und Aufmerksamkeit auf sich zieht. Es wird für viele immer schwieriger, nachts zur Ruhe zu kommen, Stille zu finden und zu entspannen. Schlafstörungen können vielfältige Ursachen haben: Auf der körperlichen Ebene kann es sich um Krankheiten, Medikamente, Alkohol oder um Alterserscheinungen handeln, auf geistiger Ebene sind es womöglich Ängste, Schuldgefühle, innere Unruhe oder kreisende Gedanken. Auch bestimmte Schlafgewohnheiten, wie etwa unregelmäßige Schlafzeiten, können zu Schlafstörungen führen.

Folgende Bach-Blüten-Essenzen haben sich bei konkreten Ursachen von Schlafstörungen als hilfreich erwiesen:

WHITE CHESNUT
Sie ist eine Basis-Bach-Blüten-Essenz, wenn sich Schlafstörungen aufgrund übermäßiger Gedanken und Sorgen regelmäßig zeigen. White Chestnut beruhigt den Kopf und stoppt das Gedankenkarussell.

OLIVE
Diese Essenz bringt Entspannung, wenn man sich körperlich und geistig müde fühlt und nicht einschlafen kann.

VERVAIN
Vervain beruhigt die aufgeregte Seele, die aufgrund von zu vielen Impulsen angespannt ist und nicht zur Ruhe finden kann. Diese Essenz ist auch in jener Zeit hilfreich, wenn man tagsüber viel Stress hatte und spät abends immer noch überlegt, was der Tag alles gebracht hat.

RED CHESNUT
Diese Essenz hilft allen, die aufgrund von Sorgen um die anderen nicht ruhig schlafen können. Die Angst, jemandem könnte etwas Schlimmes widerfahren, raubt einem den Schlaf. Red Chestnut hilft, anstatt sich zu sorgen, loszulassen und sich dem Vertrauen zu öffnen.

PINE
Wenn Schlafstörungen aufgrund von Schuldgefühlen entstehen und man innerlich ständig mit Gedanken beschäftigt ist, was man anders oder besser machen könnte, und sich als Versager fühlt, hilft diese Essenz, Abstand zu nehmen und sich statt des Schuldgefühls Schlaf zu gönnen. Glaubenssätze wie: „Ich darf nicht, denn ich verdiene das nicht“ lösen sich meistens im Traumland auf.

MUSTARD
Diese Essenz hilft allen, die aufgrund undefinierbarer Melancholie und Traurigkeit nicht zur Ruhe kommen, um einschlafen zu können.

MIMULUS
Mimulus ist hilfreich bei Schlafstörungen, die mit Angst davor verbunden sind, im Schlaf könnten sich unangenehme Erlebnisse wiederholen. Diese Essenz entspannt und beruhigt.

AGRIMONY
Agrimony bringt Ausgleich, wenn man tagsüber die eigenen Probleme verdrängt und diese im Schlaf oder beim Einschlafen immer wieder auftauchen und einfach nicht gehen wollen. Die Essenz Agrimony empfiehlt sich auch für Menschen, die mondphasenabhängige Schlafprobleme haben.

Chronische Krankheiten

Eine chronische Erkrankung kann über Monate oder Jahre hinweg entstehen. Sie ist nie vollständig geheilt, und eine Verbesserung tritt immer nur in kleinen Schritten auf. Oft kommen mehrere chronische Krankheiten zusammen. Neben dem physischen Leiden beansprucht eine chronische Krankheit im großen Maße geistige und seelische Kräfte. Auch für die Mitmenschen des Erkrankten stellt eine chronische Krankheit mit der Zeit eine Belastung dar.

Empfehlenswert sind folgende Bach-Blüten-Essenzen:

GORSE
Diese Essenz wirkt unterstützend, wenn der Patient keine Perspektive für seine Genesung sieht und keine Hoffnung auf Verbesserung hat. Sie schenkt Hoffnung und Zuversicht für den Patienten sowie für dessen Umgebung. Sie weckt Selbstvertrauen.

GENTIAN
Gentian hebt die Stimmung, wenn man den Eindruck hat, die Genesung schreitet überhaupt nicht voran.

WILLOW
Wer sich als Opfer der langen Krankheit fühlt, wird von Willow unterstützt. Er ist überzeugt davon, dass eine „böse Kraft" Macht über ihn ausübt und möchte seine Eigenverantwortung für seinen Zustand nicht wahrnehmen. Diese Essenz hilft ihm, die inneren Kräfte zu mobilisieren und zu agieren, anstatt zu reagieren.

CHICORY
Der Patient fühlt sich unter seiner chronischen Erkrankung sehr belastet und ist unzufrieden, wenn seine Umgebung ihm nicht die erwartete Achtsamkeit erweist. Chicory hilft dem Betroffenen, mit der Umgebung und mit sich selbst liebevoll umgehen zu können und unangemessene Erwartungen loszulassen.

WILD ROSE
Diese Essenz hilft dem Patienten, seine Lebenskraft zu wecken und sie für die weitere Genesung einzusetzen. Wild Rose schenkt Vitalität und mobilisiert Selbstheilungskräfte.

AGRIMONY
Diese Essenz wirkt unterstützend, wenn der Patient sich über seinen Zustand lustig macht und die Realität nicht so sehen will, wie sie wirklich ist. Er belächelt auch jede Hilfe, die ihm angeboten wird. Agrimony hilft ihm, sich selbst und seine Erkrankung realistisch einzuschätzen und in offener Kommunikation mit der Umgebung das Beste aus der Situation zu machen.

OLIVE
Diese Essenz schenkt seelische, geistige und physische Kraft, wenn man sich als Patient oder als Begleiter bei langwierigen Erkrankungen müde und erschöpft fühlt.

HORNBEAM
Hornbeam motiviert und verleiht Beständigkeit auf dem Pfad der Heilung.

Abhängigkeiten

Abhängigkeit ist ein Zeichen innerer Leere. Im Bestreben, diese Leere zu füllen, machen sich viele Menschen abhängig – sei es von anderen Menschen, von Substanzen, Medikamenten, Nahrungsmitteln, Religion oder vom Internet, um empfundene Defizite auszugleichen. Für eine kurze Zeit kann das funktionieren. Doch Abhängigkeiten haben nichts mit wahrhaftiger Erfüllung zu tun. Es ist vielmehr ein Teufelskreis, in dem man sich dreht, womöglich bis hin zu psychischen Störungen. Auch wenn man ihm entfliehen möchte, holt er einen unter Umständen rasch und trickreich wieder ein. Die Ursachen für eine Abhängigkeit liegen im geistigen Bereich: Aus Mangel an Selbstwertgefühl, Liebe, Zuneigung, Nähe und Anerkennung entstehen Groll, Traurigkeit und Sinnlosigkeit. Um diese nicht wahrnehmen zu müssen, versucht man, Mittel zu finden, um sich auf gewisse Weise zu betäuben.

Dr. Edward Bach hat das heutige Zivilisationsproblem schon damals erkannt: „*Vielleicht eine der größten Tragödien des Materialismus ist die Entwicklung von Langeweile und der Verlust wahren inneren Glücks. Der Materialismus lehrt die Menschen, Zufriedenheit und Ausgleich für ihre Schwierigkeiten in irdischen Vergnügungen und Freuden zu suchen. Diese jedoch vermögen nie mehr als nur zeitweiliges Vergessen unserer Probleme zu verschaffen. Wenn wir einmal anfangen, den Ausgleich für unsere Nöte in der Hand des bezahlten Hofnarren zu suchen, setzen wir einen Teufelskreis in Bewegung. Amüsement, Unterhaltung und Leichtfertigkeit sind für uns alle gut, aber nicht, wenn wir uns ständig darauf verlassen, dass sie uns von allen Schwierigkeiten befreien. Weltliche Vergnügungen jeder Art müssen in ihrer Intensität dauernd gesteigert werden, um weiterhin zu fesseln, und was gestern noch Spannung erzeugte, ist morgen schon langweilig. So gehen wir auf die Suche nach anderen, stärkeren Erregungen, bis wir übersättigt sind und auch aus diesen keine weitere Hilfe mehr erlangen. Auf die eine oder andere Weise macht das Vertrauen auf weltliche Zerstreuung aus jedem von uns einen Dr. Faust. Auch wenn wir es vielleicht bewusst nicht erkennen, wird das Leben für uns nur wenig mehr als eine zu erduldende Pflicht.*“

Es gibt verschiedenste wirkungsvolle Therapieformen, um eine Abhängigkeit zu lösen und deren Folgen einzudämmen. Der erste, unverzichtbare Schritt ist die Bereitschaft und der Wille des Leidenden, eine Therapie anzunehmen und sich bewusst seinen Problemen zu stellen. Diese bewusste Entscheidung kann durch keine Methode und kein Medikament ersetzt werden!

Die Bach-Blüten bieten eine Unterstützung, wenn der Betroffene seine Emotionen bewusst annehmen und bearbeiten will.

Folgende Bach-Blüten können hilfreich sein:

AGRIMONY

Diese Essenz bildet eine Basis in der Abhängigkeit von Substanzen, Alkohol, Tabak, Medikamenten, Automaten und Internetspielen. Der Betroffene versucht, seinen realen Problemen zu entfliehen, sie zu verbergen und hinter einer Maske zu verstecken. Durch seine Maske spricht er folgende Worte: „Es ist alles in Ordnung, ich habe alles im Griff." Dabei plagen ihn diese Probleme weiter, und er braucht immer mehr Mittel, um seine Zerrissenheit überspielen zu können. Die Essenz Agrimony ist ein gutes Mittel für einen Entzug. Sie konfrontiert den Betroffenen mit der Realität und richtet seine Kräfte nicht darauf aus, Probleme zu verbergen, sondern sie zu lösen.

CERATO

Wer sich nicht von den Meinungen anderer lösen kann und abhängig davon ist, findet Hilfe durch Cerato. Der ständige Fokus auf fremde Meinungen und deren Abgleich versperrt irgendwann die Sicht auf die eigene Überzeugung und die entsprechenden Schritte. Soziale Medien sind ein Paradebeispiel für diese Abhängigkeit. Hier wird man unter Umständen sogar von völlig unbekannten Menschen, von *Followern* und deren *Likes*, abhängig. Das ist ein Streben nach Resonanz auf einer ganz neuen Ebene – es werden Erfahrungen abgeglichen und mit völlig fremden Menschen geteilt, es entstehen Gemeinsamkeiten auf fiktiver Ebene. Die Essenz Cerato lehrt abhängigen Menschen, in erster Linie der eigenen Meinung zu folgen und Zeit für vernünftige Aktivitäten und Themen zu gewinnen, anstatt sich mit anderen zu vergleichen und zu messen.

CENTAURY

Diese Essenz hilft sich stets unterordnenden Menschen, die immer nur für andere da sind und alles für sie tun, eigene Grenzen zu ziehen und „Stopp!" zu sagen, bevor sie sich in etwas hineinreden lassen. Die innere Leere versuchen sie durch Aktivitäten für die anderen zu ersetzen, und so fallen sie in eine unbemerkte Abhängigkeit, in der Hoffnung, das innere Selbstwertgefühl zu steigern. Diese Essenz ist ebenfalls hilfreich in Situationen, in denen man übertrieben konsumiert und zu Suchtmitteln wie Zucker, Kaffee, Alkohol und Zigaretten nicht „Nein!“ sagen kann.

CHICORY
Wer Nähe und Aufmerksamkeit von anderen verlangt und von der Anerkennung der anderen abhängig ist, dem kann Chicory eine Hilfe sein. Solche Menschen definieren ihr Selbstwertgefühl durch erwiderte positive Emotionen, sie mögen keine Ablehnung und tun alles dafür, von anderen angenommen zu werden. Wenn dem nicht so ist, verfallen sie in tiefe Traurigkeit und nutzen zum Beispiel Alkohol, um diese Traurigkeit zu mildern und die Enttäuschung, nicht angenommen zu werden, zu betäuben. Diese Essenz hilft dem Betroffenen, seine Erwartungen realistisch einzuschätzen und fortan aus eigener Kraft die eigenen Wünsche umzusetzen, anstatt diese auf andere zu projizieren.

WATER VIOLET
Water Violet hilft Menschen, die in Isolation leben, weil sie keinesfalls von anderen abhängig sein wollen, diese zu durchbrechen und sich dem Leben mit allen seinen Seiten zu öffnen. Zwar haben diese Menschen eine gewisse Abgrenzung zur äußeren Welt selbst gewählt, doch mit der Zeit kann ein solcher Zustand auch schwierig werden, und es fehlt ihnen der Mut, zu sagen, dass sie sich einsam fühlen. Aus dem Gefühl der Einsamkeit heraus neigen sie womöglich zu übermäßigem Konsum von Nahrungs- oder Suchtmitteln.

FOMO – Fear of missing out

Wie der Begriff es besagt, geht es bei diesem neuen, sich schnell verbreitenden gesellschaftlichen und gesundheitlichen Problem um Angst. FOMO kann inzwischen als Volkskrankheit bezeichnet werden. Es geht um die Angst, etwas zu verpassen, nicht dabei sein zu können und sein Leben dadurch zu verderben. Sie bezieht sich auf die Abhängigkeit von sozialen Medien und der Kommunikation durch Smartphones, obwohl sie in allen Bereichen des Lebens herrscht – Beziehungen, Job, Sport, Familie. Die große innere Leere im eigenen Leben wird ersetzt durch die permanente Präsenz im Äußeren. „In" zu sein und überall angenommen zu werden, bedeutet „on" zu bleiben, also ständige Erreichbarkeit, Offenlegung der eigenen Meinung und Positionierung. Die Angst, aus diesem Kreislauf auszusteigen, bringt mit sich, nicht dazuzugehören – der innere Druck steigt an sowie die Angst, ausgeschlossen, verlassen, vergessen zu werden und nie das Beste aus dem eigenem Leben zu machen. Die Sucht nach Bestätigung der eigenen Existenz kann krankhaft sein.

Derzeit werden wirkungsvolle Therapien gegen diese Störung entwickelt. FOMO zeigt auf, wie blockierend die Angst vor der Entfaltung eines gesunden Selbstbewusstseins und der Selbstwertschätzung wirken kann und wie schnell sich diese Energie dank moderner Medien und Technik verbreiten kann. Es ist eine neue Form der Sucht, bei der man von Beginn an davon überzeugt ist, dass man nicht Schlimmes tut – nach dem Motto: Das ist doch keine Droge! –, sich nur unterhält und seine Zeit mit ein paar Menschen teilt. Wenn man nicht in sich selbst verankert ist und innere Defizite hat, wird man gleichsam magisch von „unschuldigen Unterhaltungen" angezogen. Das kann sich ausweiten bis hin zur übelsten Manipulation und der daraus resultierenden Angst.

Folgende Bach-Blüten können hilfreich sein:

ASPEN
Diese Essenz kann dem Betroffenen dabei helfen, seine unreflektierten Ängste zu betrachten, die nach dem folgenden Gedankenmuster ablaufen: „Es könnte etwas geschehen – und ich bin nicht dabei." Statt Negatives zu erwarten, kann er sich der Realität öffnen und lernen, wie sie wirklich ist – auch ohne Smartphone und Tablet.

MIMULUS
Mimulus unterstützt alle ängstlichen Menschen, die sich nicht an konkrete Entscheidungen binden möchten, weil sie ständig etwas Neues, wahrscheinlich Besseres erwarten. Sie haben Angst, wenn sie sich einmal an etwas binden (sei es nun in der Beziehung oder im Job), sei ihr Leben für immer verloren. Diese Angst hemmt sie, ihre eigene Kraft und innere Wahrheit zu entfalten und zu leben.

HEATHER
Es ist ein Paradoxon unserer Zeit, dem Kommunikationszeitalter: Je mehr Kommunikationsmöglichkeiten existieren, desto mehr Menschen fühlen sich einsam und leiden darunter. Alleinsein ist auch für jene Menschen ein großes Thema, die nach ihrer Präsenz in den sozialen Medien gieren. Heather vermag es, diese Sucht abzuschwächen.

IMPATIENS
Diese Essenz mildert den inneren Drang, Erledigungen so schnell wie möglich über die Bühne zu bringen, überall präsent zu sein und alle Informationen möglichst gleichzeitig zu bearbeiten, da sich ständig neue in der Warteschleife sammeln. Wer unter Zeitdruck steht, der zu Nervosität, Anspannung, Kopf- und Magenschmerzen führt, kann von dieser Essenz profitieren.

SCLERANTHUS
Scleranthus weckt das Gefühl des inneren Gleichgewichts, wenn man sich durch die vielen Möglichkeiten, Angebote und Lebensrichtungen, die ständig im Netz präsentiert werden, zerrissen und unentschlossen fühlt. Die innere Unsicherheit führt dazu, dass man im Netz ununterbrochen präsent sein will, um etwas zu finden, was das innere Interesse weckt. Durch die Informationsflut ist man aber mehr und mehr verunsichert. Diese Essenz unterstützt die innere Einkehr, das Gleichgewicht zu finden und die Frage zu beantworten: Wonach bin ich eigentlich auf der Suche?

6

Bach-Blüten-Essenzen für Kinder

Bach-Blüten haben sich auch für Kinder als hilfreich und unterstützend erwiesen. Kinder reagieren sehr positiv auf die Einnahme von Bach-Blüten: Die Essenzen unterdrücken keine natürlichen Talente, auch nicht den Charakter. Zudem leisten Bach-Blüten bei Kindern einen energetischen Ausgleich, wenn sie sich im Alltag durch manche äußeren Einflüsse nicht wohlfühlen.

Die Essenzen können für Kinder sowohl in Notsituationen, wie etwa bei einem Schock oder Unfall, als auch bei Krankheiten als Unterstützung für ihre Gefühle und Empfindungen angewendet werden. Bach-Blüten helfen auch in jenen Situationen, in denen sich das kindliche Verhalten im Alltag plötzlich verändert, wenn Kinder etwa plötzlich aggressiv werden oder unter Schlaf- und Essstörungen leiden.

Bei der Arbeit mit Kindern ist es immer wichtig, auch mit den Eltern zu sprechen und die Familienstruktur zu kennen. Viele wichtige Informationen für die Wahl von Bach-Blüten für ein Kind finden sich in dessen Verhalten im Umgang mit Familienmitgliedern oder im Kindergarten beziehungsweise in der Schule.

Die Auswahl und Anwendung von Bach-Blüten bei Kindern erfolgt genauso wie bei Erwachsenen. Den Alkohol, in dem

Bach-Blüten bei der Herstellung konserviert werden, kann man für die Anwendung für Kinder eliminieren, indem man die ausgewählten Essenzen zum Trinken in warmes Wasser oder in einen warmen Tee gibt.

Die hier vorgestellten Situationen sind natürlich nur ein kleiner Bruchteil der Anwendungsmöglichkeiten von Bach-Blüten für Kinder.

Kleine Tyrannen:

CHICORY
Wenn das Kind die ständige Präsenz der Mutter fordert, kann Chicory unterstützend wirken.

HEATHER
Heather hilft, wenn das Kind versucht, immer im Zentrum der Aufmerksamkeit zu stehen.

HOLLY
Holly ist eine wichtige Essenz bei Aggressivität.

RED CHESTNUT
Das Kind ist äußerst abhängig von den Eltern und anscheinend nicht in der Lage, mit anderen Kindern zu spielen.

Trotzkopf-Phase:

HOLLY
Das Kind ist wütend, wenn nicht alles nach seinen Wünschen verläuft.

IMPATIENS
Das Kind reagiert sehr gereizt, wenn die Umgebung seine Forderungen nicht sofort akzeptiert.

VERVAIN, VINE
Das Kind setzt seine Wünsche mit der absoluten Überzeugung durch, dass allein seine Vorstellungen und Imagination maßgeblich sind.

Aggressivität bei Kindern:

HOLLY
Holly hilft in Verbindung mit Eifersucht und Wut, wenn zum Beispiel ein neues Geschwisterchen geboren wird, aber auch bei Druckausübung oder Gewalttätigkeit anderen Kindern gegenüber.

CHERRY PLUM
Wenn das Kind in einer Situation unerwartet und plötzlich übertrieben reagiert.

CHICORY
Bei aggressiver Durchsetzung der kindlichen Wünsche.

ASPEN
Wenn sich das Kind bedroht fühlt und mit Angst reagiert.

VINE
Vine hilft, wenn das Kind durch Aggressivität die Umgebung dominiert.

Vorbereitung für die Schule (oder auch für die ersten Tage im Kindergarten):

GENTIAN
Bei übertriebener Begeisterung. Diese Essenz hilft, damit das Kind keine übersteigerten Erwartungen an die Schule hat.

LARCH
Bringt Selbstvertrauen – zur besseren Bewältigung der kindlichen Schulpflichten.

MIMULUS
Diese Essenz hilft bei Anspannung und Angst vor einer neuen Situation.

RED CHESTNUT
Red Chestnut unterstützt dabei, den Übergang zwischen Schule und Familie leichter zu bewältigen. Diese Essenz löst gegebenenfalls auch eine zu starke Bindung an die Familie.

ROCK WATER
Mildert übertriebenen Fleiß und Ehrgeiz.

SWEET CHESTNUT
Wenn das Kind Angst hat, in die Schule zu gehen und deshalb weint.

WALNUT
Diese Essenz hilft, die Veränderungen beim Schulanfang anzunehmen.

Schwierigkeiten beim Lernen:

AGRIMONY
Wenn das Kind absichtlich versucht, seine Aufmerksamkeit vom Lernen abzulenken.

CERATO
Bei Unsicherheit über die eigene Position in der Schule.

CHESTNUT BUD
Chestnut Bud hilft bei Widerstand gegen das Lernen.

GENTIAN
Wenn die Ausdauer fehlt.

HORNBEAM
Bei fehlender Motivation.

IMPATIENS
Wenn sich das Kind gereizt und zerstreut fühlt.

LARCH
Larch unterstützt bei fehlendem Selbstvertrauen, um die Schulaufgaben zu schaffen.

SCLERANTHUS
Konzentrationsschwäche: Das Kind springt von einem Thema zum nächsten.

Hyperaktivität:

VERVAIN
Vervain hilft im Allgemeinen bei Übereifer.

VINE
Wenn das Kind ständig die Aufmerksamkeit auf sich zieht, über große Energie verfügt, aggressiv handelt, wenn sich die anderen nicht seinen Wünschen unterwerfen.

IMPATIENS
Bei Kindern, die immer in Bewegung sind und oft hektisch gestikulieren.

SCLERANTHUS
Für zappelige Kinder. Diese Essenz unterstützt die Konzentration auf eine Sache.

HOLLY
Wenn das Kind aggressiv und wütend reagiert.

CHERRY PLUM
Cherry Plum hilft, wenn das Kind sich nicht beherrschen kann und mit Wutanfällen reagiert.

7

Bach-Blüten-Essenzen für Tiere und Pflanzen

Als erfolgreich und effektiv hat sich die Anwendung der Bach-Blüten-Essenzen auch für Tiere erwiesen. Die entsprechenden Essenzen wählt man für ein Tier, wenn sich dessen Verhalten plötzlich verändert oder wenn es erkrankt ist und Unterstützung benötigt. Eine Verhaltensbeobachtung liefert wichtige Informationen, an denen man sich bei der Auswahl der Essenzen orientieren kann. Mittel der Wahl sind oftmals Essenzen für die Themen Angst, Wut, Aggressivität, Traurigkeit, Dominanz oder Schock. In vielen Fällen hilfreich ist auch die Notfall-Essenz – als „Allgemein-Mittel" für ängstliche oder nervöse Zustände sowie für Situationen, in denen das Tier einen Schock erlitten oder sich einfach erschreckt hat.

Nachfolgend ein paar Tipps für Bach-Blüten-Essenzen in der Anwendung bei Tieren:

WALNUT
Unterstützt das Tier in Situationen von Veränderung, beispielsweise bei einem Umzug, zur Eingewöhnung in einer neuen Umgebung, bei der Ankunft eines neuen Familienmitgliedes oder beim Trainieren neuer Gewohnheiten.

STAR OF BETHLEHEM
Hilft bei der Bearbeitung eines vergangenen Schocks, bei Traumata und Misshandlungen.

MIMULUS
Bei Angst vor einer Menschenmenge, vor dem Tierarzt und vor Lärm.

ASPEN
Wenn sich das Tier ängstlich zeigt.

VINE
Wenn das Tier die ganze Aufmerksamkeit auf sich zieht, die Umgebung dominiert und sich aggressiv verhält.

HEATHER
Das Tier sucht Nähe und Aufmerksamkeit um jeden Preis.

Die Anwendung der Bach-Blüten-Essenzen bei Tieren ist fast gleich wie beim Menschen. Es empfiehlt sich, zwei Tropfen der gewählten Essenz oder vier Tropfen der Notfall-Essenz in einen Trinknapf für kleinere Tiere zu geben. Für größere Tiere, wie etwa für Pferde, empfiehlt es sich, fünf bis sechs Tropfen der gewählten Essenz oder zehn Tropfen der Notfall-Essenz in ein Wassergefäß zu geben. Falls das Tier wegen des geringen Anteils an Alkohol den Trinknapf meidet, kann man die Essenzen auch in das Futter mischen oder auf Ohren oder Pfoten massieren. Auch für Tiere kann man maximal sechs bis sieben Essenzen zusammenmischen. Die Notfall-Essenz als Salbe ist empfehlenswert bei Verletzungen oder für die Heilung einer Wunde.

Bach-Blüten-Essenzen für Pflanzen:

Auch die Pflanzen im Garten oder die Schnittblumen zu Hause reagieren auf Bach-Blüten-Essenzen positiv. Anstatt Kunstdünger können die Essenzen Walnut und Hornbeam für Schnittblumen verwendet werden: Jeweils fünf Tropfen in die Vase getropft – und die Blumen freuen sich! Seit Jahren ist das „mein Geheimrezept", damit die Blumen in der Vase länger frisch bleiben. Im Garten unterstützen die Bach-Blüten das Umpflanzen von Blumen oder Sträuchern oder geben ermüdeten Pflanzen wieder Kraft.

Für das Umpflanzen empfiehlt es sich, drei bis fünf Tropfen Walnut oder Notfall-Essenz in die Gießkanne zu geben – auf diese Weise drei Tage nach dem Umpflanzen die Pflanze gießen.

Falls Pflanzen oder Sträucher „ermüdet" aussehen, kann man sie mit fünf Tropfen Hornbeam oder Olive im Gießwasser beglücken.

Rezept für eine Garten-Mischung:
Jeweils fünf Tropfen von Walnut, Crab Apple und Hornbeam in eine Sprayflasche mit klarem Wasser geben und die Pflanzen bestäuben. Bei Insektenbefall empfiehlt es sich, die Pflanze mit fünf Tropfen Crab Apple in einer Sprayflasche mit Wasser zu bestäuben.

Index

Bach-Blüte	Thema	Unterstützt bei
AGRIMONY	Realitätsverlust, Ablenkung, Verbergung von Problemen	Authentizität, für sich einstehen
ASPEN	Ängstlichkeit, schlimme Befürchtungen	Natürliches Vertrauen ins Leben
BEECH	Intoleranz, permanente Kritik	Akzeptanz, Toleranz
CENTAURY	Fehlende Abgrenzung	Selbstverwirklichung, Eigenständigkeit
CERATO	Zweifel über die eigene Meinung, Suche nach einer Bestätigung	Innere Wahrnehmung, Intuition
CHERRY PLUM	Impulsivität, emotionale Verwirrung (Zerrissenheit)	Gleichgewicht zwischen Denken und Fühlen
CHESNUT BUD	Wiederholung von gleichen Mustern und Automatismen	Konzentration auf das Wesentliche, Aufmerksamkeit
CHICORY	Manipulative Züge, übermäßige Fürsorge in Erwartung von Anerkennung	Selbstakzeptanz, Selbstlosigkeit, Freude am Helfen
CLEMATIS	Geistige Abwesenheit, Fliehen von der Realität	Verantwortung für das eigene Leben
CRAB APPLE	Fehlende Selbstakzeptanz, Reinigung auf psychischer und physischer Ebene	Selbstannahme, Selbstakzeptanz
ELM	Mentale Überforderung	Energieausgleich zwischen Verantwortung, Arbeit und Entspannung
GENTIAN	Enttäuschung, Niedergeschlagenheit	Mut, Hoffnung

GORSE	Hoffnungslosigkeit	Glaube, Hoffnung
HEATHER	Fehlende Zuneigung, Egozentrik, starkes Bedürfnis nach Gesellschaft	Sensibilität für die anderen, Fähigkeit zum Zuhören
HOLLY	Hass, Wut, Eifersucht	Bedingungslose Liebe, Vertrauen, Harmonie mit sich selbst
HONEYSUCKLE	Loslassen der Vergangenheit, Starre	Begeisterung für das Neue, Leben in der Gegenwart
HORNBEAM	Geistige Erschöpfung aufgrund alltäglicher Routine, fehlende Motivation	Motivation, regt die Lebensenergie an
IMPATIENS	Ungeduld, Zeitdruck	Geduld mit sich und anderen
LARCH	Minderwertigkeitsgefühl, mangelndes Durchsetzungsvermögen	Selbstvertrauen, Selbstwertgefühl
MIMULUS	Angst vor bekannten Dingen, alltägliche Ängste	Zuversicht und Mut
MUSTARD	Melancholie, Schwermut, Traurigkeit	Gelassenheit, Lebensfreude
OAK	Dauerleistungsstress, alltäglicher Kampf ums Überleben	Loslassen von alten Mustern und Überzeugungen
OLIVE	Physische und seelische Erschöpfung, Müdigkeit	Regeneration der Lebensenergie, Vitalität
PINE	Schuldgefühle, Überverantwortung, Selbstvorwürfe	Eigene Fehler akzeptieren, sich selbst und den anderen vergeben
RED CHESTNUT	Angst und starke Sorgen um die anderen	Ablösung von ungesunden Bindungen
ROCK ROSE	Panische Ängste, Schreck	Mut, Tapferkeit

ROCK WATER	Askese, übertriebene Disziplin, Starre	Flexibilität, Lebensfreude
SCLERANTHUS	Unentschlossenheit, Stimmungsschwankungen	Entscheidungsvermögen, innere Ausgeglichenheit
STAR OF BETHLEHEM	Schock, Trauma, posttraumatische Belastungsstörungen	Befreiung von verdrängten Lasten, Verarbeitung von Trauma und Schockfolgen
SWEET CHESTNUT	Seelische Qual, Zusammenbruch, Depression	Neuer Lebensmut. Der Weg von Dunkelheit zum Licht
VERVAIN	Übertriebene Begeisterung, Fanatismus, Anspannung	Enthusiasmus, anziehender Idealismus
VINE	Dominanz, Macht	Natürliche Autorität, empathische Führungskraft
WALNUT	Probleme in Veränderungsphasen des Lebens	Schutz gegen äußere Einflüsse, Resilienz, Unterstützung der Widerstandkraft
WATER VIOLET	Isolation, Distanz, Einsamkeit	Gelassenheit, innere Würde, Zusammengehörigkeit, Balance zwischen äußeren und inneren Welten
WHITE CHESTNUT	Übertriebene Gedankenaktivität, Gedankenüberforderung	Geistige Klarheit, innerer Friede, konstruktives Denken
WILD OAT	Suche nach Lebensbestimmung und Lebensaufgabe	Selbstverwirklichung, Zielsetzung
WILD ROSE	Apathie, Resignation	Hingabe, Beharrlichkeit
WILLOW	Opfer des Schicksals, Verbitterung	Verantwortung für das eigene Leben übernehmen, Schöpfer des eigenen Lebens sein

Schlusswort

Als Edward Bach vor knapp neunzig Jahren seine erfolgreiche Arzt-Praxis schloss und aufs Land zog, um seinen leidenden Mitmenschen mit seiner Kräuterheilkunde zu dienen, waren Worte wie "Energieheilung" oder "Energiemedizin" noch gar nicht erfunden. Bach hatte mit genialer Intuition die Heilschwingungen der Pflanzen erfasst und sie auf einfache Weise nutzbar gemacht. Er hatte damit eine alte spirituelle Weisheit aufgegriffen, die schon seit Urzeiten den Menschen aufforderte: „Versuche, dein Leben einfacher zu leben!"

Bach war mit seinen Einsichten über das Wesen der Menschen seiner Zeit um gut einhundert Jahre voraus. Er hatte einen inneren Zugang zum Pflanzenreich. Er las die Signaturen der Blumen und Sträucher und erfasste so ihr inneres Heilungsgeheimnis. Auf seine ureigene Art und Weise war Edward Bach ein kongenialer Nachfolger des großen Paracelsus. Auch dieser hatte immer das Wohl seiner bedrängten Mitmenschen im Sinne, in einer Zeit, die noch weitaus schlechtere Verhältnisse aufwies als das England im ersten Drittel des 20. Jahrhunderts.

Bach war aber nicht nur ein brillanter Kräuterkundler, er war auch ein exzellenter Beobachter der menschlichen Psyche. Seine Einstufungen der menschlichen Verhaltensweisen enthalten eine überzeitliche Weisheit, weil er jenseits der körperlichen Form in die Seelen seiner Patienten blickte. Dort erschaute er die Urstrukturen des Menschlichen – und das Erschaute erweist sich auch rund hundert Jahre später noch immer als ebenso scharfsinnig wie gültig.

Aufgrund seiner tiefsinnigen Beobachtungen lassen sich Bachs Typen-Bilder problemlos auf die Herausforderungen des 21. Jahrhunderts anwenden. Heute wie damals sind Ängste oder Erschöpfungszustände, Verzweiflung oder Lebenskrisen in der Mitte der Gesellschaft vorhanden. Hat sich auch die Art und Weise der Herausforderungen im Zeitalter von Smartphone und Social Media verändert, ihre Inhalte haben es nicht. Der seelische Schmerz innerer Verletztheit bei einer Siebzehnjährigen, die über Facebook gemobbt wird, unterscheidet sich in gar keiner Weise vom dem einer Siebzehnjährigen im prüden England der Zwanzigerjahre des vorigen Jahrhunderts, die ungewollt schwanger geworden war. Die Grundstrukturen von Leid und Schmerz bleiben immer gleich.

Aus diesen Gründen ist die Bach-Blüten-Therapie aktueller denn je. Dr. Edward Bach ist kein "Arzt von gestern", sondern er ist der Pionier für eine Energiemedizin, deren große Zukunft noch vor uns liegt. Nützen Sie sein Wissen, um Ihr eigenes Leben glücklicher und gesünder zu gestalten!

Informationen über Bach-Blüten Seminare
und Ausbildungen
sowie Termine für persönliche Beratungen
finden Sie unter:

www.gigerverlag.ch

www.katarinamichel.com